SHODENSHA
SHINSHO

# 短期決戦の勝ち方

野村克也

JN203391

祥伝社新書

# はじめに

短期決戦、すなわち短期戦はおもしろい――。

なぜなら、ひとつの勝利、ひとつの敗戦が長期戦であるペナントレースとは比べものにならないくらい、大きな意味を持つからである。

日本シリーズでどちらかが日本一に王手をかけた試合や、トーナメント方式で行なわれるワールド・ベースボール・クラシック（WBC）の準決勝・決勝のように、これを落とせば明日はないという緊張感・高揚感・スリルは、ペナントレースではまず味わえないだろう。

1994年のシーズンで巨人と中日が129試合終了の時点で同率で並び、最終戦で優勝を争ったことがあったが（当時は年間130試合、現在は143試合）、これも究極の短期戦と言えるかもしれない。

日本シリーズで勝ったほうが日本一となり、負ければその栄誉を逃《のが》すというケース。つまり、3勝3敗のタイで雌雄《しゆう》を決する最終戦は、これまでに何度もあった。その緊迫感のなかから、江夏豊《えなつゆたか》による「江夏の21球」のような伝説や、「神様、仏様、稲尾《いなお》様」と言われた稲尾和久《かずひさ》が獅子奮迅《ししふんじん》の働きを見せた「3連敗からの4連勝」の奇跡が生まれた。何が起こるかわからない。誰がヒーローになるかわからない。まさに筋書《すじが》きのないドラマが短期戦のおもしろさであり、醍醐味《だいごみ》なのだ。

ところが、野球がおよそ短期戦にそぐわないスポーツであるのも事実である。一振《ひと》りで最高4得点できるという特性があるうえに、ピッチャーの出来しだいでは、明らかに実力が劣《おと》ったチームでも短期戦を制する可能性があるからだ。采配《さいはい》を振る監督にとって、これほど怖い戦いはない。

しかし、プロ野球は日本シリーズをハイライトにして繁栄を続けてきた。今や日本シリーズだけでなく、リーグ3位までが出場できるクライマックスシリーズも用意されている。テレビ地上波での全国中継がどんどん減っている現在、こうした短期戦こそ、プロ野球の魅力を伝える絶好の機会なのだ。

聞くところでは、近年は若い世代の野球離れも深刻化しているという。そうであれば、野球人気の裾野《すその》を広げるためにも、WBCやオリンピックのような短期戦はますます重要になってくる。こうした国際舞台で、日本代表である侍《さむらい》ジャパンが勝つことは至上命題だ。

では、どうしたら勝てるのか。

過去の日本シリーズや国際試合を振り返り、私の経験や知識から短期決戦の勝ち方を探ったのが、本書である。監督たちがいかにして戦い、勝利をつかんだかをデータとともに徹底分析した。今一度、野球の魅力を感じていただきたい。

短期決戦——そこには野球のおもしろさがすべて詰まっている。

２０１８年９月

野村克也《のむらかつや》

# 目次

## 第2章　クライマックスシリーズ



## 第3章　日本シリーズ

## 第4章 WBCとオリンピック

## 第5章 名将と敗将を分けたもの



## 第6章 真に強いチームとは

## 資料編

# 短期決戦の全データ

# 第1章

# レギュラーシーズンとの違い

## 短期戦の怖さ

プロ野球界がセントラル・リーグ（以下、セ・リーグ）とパシフィック・リーグ（以下、パ・リーグ）の2リーグに分裂したのが、1950年である。私が中学3年生のときだ。2004年にプロ野球再編問題（50ページ）が起こり、1リーグ制への移行が激しく論議されたが、今もメジャーリーグ（以下、メジャー）と同様に2リーグ制は存続している。

同じ年に2リーグ制とともにスタートしたのが、日本選手権シリーズ（通称・日本シリーズ）である。当初は、メジャーのワールドシリーズに倣《なら》ったのだろう。「日本ワールド・シリーズ」の名称で行なわれ、これが1953年まで続いた。第1回の覇者は毎日オリオンズ（現・千葉ロッテマリーンズ）だった。ちなみに、私がプロ入りした1954年は、中日が西鉄（現・埼玉西武ライオンズ）を4勝3敗で下している。

実は、私はこの年のシリーズを名古屋《なごや》の中日《ちゅうにち》球場まで観戦しに行った。まだ二軍暮らしのキャッチャーにすぎなかったが、わが南海（現・福岡ソフトバンクホークス）を0・5ゲーム差で振り切った西鉄がどんな戦いぶりを見せるか、興味津々《しんしん》だったからである。

下馬評《げばひょう》は、西鉄の圧倒的有利。豊田泰光《とよだやすみつ》、大下弘《おおしたひろし》、中西太《なかにしふとし》らスラッガーを擁《よう》する強力打線相手に、中日は1勝もできないのではないかと予想するスポーツ紙もあった。

ところが、ふたを開けてみれば、西鉄は中日のエース・杉下茂《すぎしたしげる》さんの前に手も足も出ない。このシリーズ、杉下さんは5試合に投げて4完投、3勝1敗という働きでMVPに輝いている。杉下さんはフォークボールも凄《すさ》まじい威力があるが、ストレートはめっぽう速いし、カーブも切れる。プロ野球にはこんなとんでもないピッチャーがいるのだと驚かされたのを、つい昨日のことのように鮮明に覚えている。

同時に、これが日本シリーズという短期戦の怖さなのだと思った。絶対的エースがひとりいれば、弱者が強者を倒すこともできる。それが短期戦なのだ。つまり、しょせん打線は水物《みずもの》、投手力こそ短期戦を制する鍵《かぎ》だと思い知らされたのである。

まさか、それから数年後、自分が杉浦忠《すぎうらただし》という絶対的エースとバッテリーを組んで日本シリーズを戦うことになるとは、この時点では思いもしなかった。

## 戦い方は変えるべきか

4月から10月まで約6カ月にわたって繰《く》り広げられるペナントレースは、その年によって試合数が異なるが、１３０試合から１４０試合強である。現在は各6チーム総当たりのリーグ戦が１２５試合。これにセ・パ交流戦18試合を加え、１４３試合で優勝が争われる。

いっぽう、日本シリーズは長くて7試合、短ければ4試合で終わってしまう（クライマックスシリーズは第2章で詳述）。１９８６年、森祇晶《もりまさあき》率いる西武と阿南準郎《あなんじゅんろう》の広島が戦った日本シリーズのように、第1戦が引き分けだったため、第8戦までもつれたケースもあるにはあるが、あくまでこれは例外だ。

4連敗したら終わりの日本シリーズに対し、ペナントレースは4連敗だろうが、5連敗だろうが、あるいは10連敗してもかまわない。全日程を終えた時点で首位の座にいればいいのである。仮に１４３試合を戦って、83勝60敗、勝率・５８０の成績なら、優勝してもおかしくない。60敗のなかに10連敗があってもいいのだ。

私がヤクルトの監督となって3年目、はじめてリーグ優勝を遂《と》げた１９９２年のシーズンが、まさにそうだった。終わってみれば「野村ＩＤ野球（ＩＤ＝Important Data。経験や勘に頼るのではなく、データを駆使して戦略的に進める「考える野球」）が花開いた」などと持ち上げられたが、現実には冷や汗ものの優勝だった。８月末には2位に４・５ゲーム差の首位。しかし、9月に9連敗と大失速した。

それでも優勝できたのは、２位阪神も長期ロードを３勝10敗と負け越し、ヤクルトにつきあってくれたからである。最終的には2位の巨人・阪神とは2ゲーム差、４位の広島とは3ゲーム差でしかなかった。勝率・５３１の優勝だった。

では、長いペナントレースと日本シリーズでは戦い方が違うのか――。

私は基本的には変わらないと思っている。いや、変えるべきではないと考える。プロ野球においても、しばしば、戦力の選択と集中ということが言われる。勝てる試合には信頼できるピッチャーを惜《お》しげもなくつぎ込み、落としてもいい試合は逆に戦力は可能な限り温存しておく戦法だ。

しかし、これはシーズン中も多かれ少なかれ行なっていることである。１４３試合すべてを勝ちにいくことなど、どのチームもしない。それをしたのはかつての長嶋茂雄《ながしましげお》が率いたときの巨人くらいだろう。

強《し》いてペナントレースと日本シリーズのような短期戦の違いを挙げれば、短期戦は絶対的エースと呼ばれるようなピッチャーや、調子のいいピッチャーにシワ寄せがいくということだろうか。かつての西鉄における稲尾和久や南海の杉浦忠がその典型であり、彼らは見事に期待に応《こた》え、チームにチャンピオンフラッグをもたらした。

私もヤクルトで初優勝したときは、当時のエースだった岡林洋一《おかばやしよういち》に頼った。岡林を第1戦・第4戦・第7戦に起用すると、彼は3戦とも完投。しかも延長戦が2試合あったため、合計30イニングを投げることになった。この投球回数30回は１９５９年の杉浦以来だそうである。

成績こそ3試合で1勝2敗だったが、防御率は1・50。岡林の奮闘がなければ、黄金時代の西武を相手に3勝4敗と善戦することなどできなかっただろう。

延長に入っての岡林続投については、評論家のなかには批判的な声もあった。しかし、この年のヤクルトにはまかせられるリリーフがいなかった。つまり、そこが当時のヤクルトのウィークポイントだったのだ。

## ミスをするから負けるのではない

日本シリーズだからといって、ペナントレースと違う野球をする必要はない。むしろ、いかに普段通りの野球をできるかが問われるのが短期戦だと言っても過言ではない。

たとえば、試合の中盤以降、味方が1点リードされている場面。無死でバッターが四球を選んで一塁に出たとしよう。後続のバッターがクリーンアップでもなければ、相手はバントシフトを敷《し》いてくる。ここで、相手の裏をかいてバスターやエンドランをしかける作戦もある。成功すればチャンスは一気に広がり、ベンチのムードも高まる。

しかし、手堅《てがた》く送るのがセオリーである。ましてやシーズン中、そうした手堅い野球で勝ってきたなら、なおさらだ。日本シリーズという大舞台であっても、ペナントレース中の試合と同様にきっちり犠牲バントをできる選手がいる――そんなチームが強いのである。V9時代の巨人や、1980年代から1990年代にかけての西武がまさにそんなチームだった。

では、強かった時代の巨人や西武がミスをまったくしない、隙《すき》のない完璧なチームだったかと言えば、そうではない。どんなに強いチームであってもミスはする。問題は、ミスをしたあとの態度だ。弱いチーム、大事なところで勝ちを逃すチームには、ひとつの特徴がある。

それは、ミスをしても笑ってごまかしてしまうことだ。万年Bクラス（4位、5位、最下位）に甘んじているチームは決まってそうだ。エラーをしても頭をかいて笑いながら、ベンチに戻ってくるような選手がいる。周囲の連中も笑って「ドンマイ、ドンマイ」だ。

しかし、仮にもプロの選手であるなら、ミスや失敗は「恥ずかしいことである」と感じなければ失格である。恥ずかしいと感じるから、「二度とミスはしない」と思う。さらに「では、どうすれば失敗を回避できるか、自分の技術を改善し向上できるか」と考える。

つまり、恥の意識が人を努力へと向かわせるのである。

日頃から、こうした教えが徹底されているチームは強い。それが日本シリーズのような短期戦にも出る。ミスを容認しているチームは大舞台になるほど、守備にも打撃にも綻《ほころ》びが生《しょう》じるし、そのミスが致命傷《ちめいしょう》となって星を落とすことにもなる。

ミスを犯《おか》すのは監督も同じだ。もちろん、私もミスをしたのは一度や二度ではない。大事なのは、繰り返すようだが、ミスをどう考えるかである。

1992年の日本シリーズ第7戦でこんなことがあった。

7回裏、1対1の同点で、ヤクルトは一死満塁のチャンスを迎えた。代打・杉浦亨《すぎうらとおる》の打球は一、二塁間へのゴロ。西武のセカンド辻発彦《つじはつひこ》（現・西武監督）がなんとか捕《と》って、振り向きざまに本塁へ送球したが、これが高くそれる。しかしキャッチャーの伊東勤《いとうつとむ》がジャンプして捕り、三塁ランナー広沢克己《ひろさわかつみ》（現・広澤克実）は本塁で間一髪《かんいっぱつ》アウト。結局、ヤクルトは延長戦で決勝点を奪われ、このシリーズに敗退したのである。結果論でしかないが、あの場面で広沢が生還していれば、ヤクルトは西武を下して日本一だった……。

試合が終わったあとで、私は自分に問い続けた。

「なぜ、アウトになったのだ」

「あの場面、監督として自分が打つべき手は他になかったか」

確かに、広沢の足は遅い。しかし、普通にスタートを切っていれば、楽々セーフだったはずである。つまり、広沢は躊躇《ちゅうちょ》したのだ。ライナーによるダブルプレーを恐れたぶんだけ、スタートが遅くなった。では、どうすればいいのか。

広沢をどんなに鍛《きた》えたところで、鈍足が俊足になるわけではない。私が熟慮の末に到達

した結論は、

「足が遅いなら、そのぶんスタートを早くすることでカバーする」

というものだった。

しかも、選手がためらうことなく思い切ってスタートできるように、ベンチから指示を出す。そして、選手はバッターのバットにボールが当たった瞬間、見切り発車でスタートを切るのだ。これこそが、現在のプロ野球ではすっかりあたりまえとなった「ギャンブルスタート」である。

このギャンブルスタートが、翌年のレギュラーシーズンで生きた。ことごとく大事な場面で成功し、ヤクルトにとっては初のリーグ連覇につながった。

ミスをして「ドンマイ」となぐさめ合っているようではダメだし、「何をしてたんだ。しっかりやれ!」と叱《しか》って、檄《げき》を飛ばすだけでもダメだ。ミスの要因を考え、そこから導《みちび》き出す答えがあるかどうかを深く探るから、野球は進歩する。野球とは考えるスポーツであり、考えることで活路は開ける。その姿勢をレギュラーシーズンであっても、日本シリーズであっても常に持ち続けることが勝者への道である。

## 大いに緊張すればいい

日本シリーズのような短期戦でも、レギュラーシーズンと同様の野球をすることが大切だと言ったが、実はこれを実践するのが難しい。

「大舞台においても平常心を保ちなさい」

「グラウンドも同じ。ボールも同じ。ルールも同じ。日本シリーズだからといって特別意識する必要はない」

「普段着の野球をやれば、結果は自《おの》ずとついてくる」

そんなことがよく言われる。しかし、言うのは簡単だ。日本シリーズ独特の緊張感というのは、そのグラウンドに立った者でなければわからないだろう。いつもとはまったく異なる緊張とプレッシャーが伸《の》しかかるのだ。レギュラーシーズンと日本シリーズの最大の違いも、そこにある。

私は南海時代、現役のプレーヤーとして日本シリーズを6回経験した（1973年の選手兼任監督は除外）。このうち巨人と5回戦い（1955年、1959年、1961年、1965年、1966年）、残りの1回が阪神だった（1964年）。はっきり言って、通算成績は芳《かんば》しくない。

122打数28安打、打率・230、5本塁打、17打点。

対戦相手がもっとも強かった時代の巨人だったこと、主軸打者として徹底的にマークされたこと、しかもON（王貞治《おうさだはる》・長嶋茂雄）を筆頭とする巨人打線を封じるためにキャッチャーとして頭を悩ませたこと、レギュラーシーズンに比べて対戦相手のデータが十分ではなかったこと……これらの要素を差し引いたとしても、これでは「野村は大試合に弱い」というレッテルを貼られても、反論はできない。

あまりほめたくはないのだが、大舞台に強いと言われた長嶋は、やはり群を抜く成績を残している。

265打数91安打、打率・343、25本塁打、66打点、MVP4回。

日本シリーズの出場回数（13回）が多いとはいえ、安打数も打点も歴代1位であり、ホームランも王に次いで2位。レギュラーシーズン以上の成績を残しているのだから、文句をつけたくても、つけようがない。

はたして、長嶋は大舞台でも緊張することがなかったのか。

本人は「大舞台になればなるほど燃える」「緊張感やプレッシャーは嬉しくてしょうがなかった」などと言っているから、私などとは生まれつき精神構造が違うのだろう。私がマスクを被《かぶ》った際によく行なった〝ささやき戦術〟も、長嶋にはまったく通用しなかった。

「チョーさん。どう、最近銀座《ぎんざ》行ってる？」

こんなささやきで、気をそらそうとしても、

「このピッチャーどうなのよ。えっ、調子はいいの？」

といった答えしか返ってこない。要するに、人の話を全然聞いていない。それだけバッティングに全神経が注《そそ》がれているわけで、並外《なみはず》れた集中力を持ち併《あわ》せている。

長嶋のような特別なプレーヤーを除けば、日本シリーズのような大舞台では、誰もが緊張する。私のようにパ・リーグ出身者はなおさらそうだった。今でこそ、パ・リーグ各球団ともセ・リーグにひけをとらない観客が集まるようになったが、かつてのパ・リーグと言ったら、どの球団も閑古鳥《かんこどり》が鳴いていた。ひどいときは肉眼で数えられるほどしかスタンドに観客がいないのである。

それが日本シリーズとなると、スタンドが観客でぎっしり埋まる。相手が巨人ともなれば、さらに超満員となって膨《ふく》れ上がる。報道陣の数も違うし、そのほとんどがパ・リーグ代表のチームではなく、巨人のベンチに集まる。

巨人の選手が毎日こうした環境のなかでプレーしているのに対し、われわれは報道陣も少ない、ガラガラの球場でプレーしているのだから、緊張しないほうがおかしい。普段着の野球をやりたくても、なかなかできるものではない。

V9時代の巨人と一番多く戦った阪急（現・オリックス・バファローズ）の外野手・大熊《おおくま》忠義《ただよし》が苦笑いをしながら、次のような話をしてくれたことがある。

「試合前の練習をしている段階から、雰囲気に飲まれちゃっているんですよ。観客の数も新聞記者の数も、いつもとはまるで違う。本拠地であるはずの西宮《にしのみや》球場が敵地のような気がしてくるんですから。これじゃあ、強い巨人に勝てないですよね」

こうした現役時代の経験を踏まえ、私はヤクルト監督としてはじめてチームを日本シリーズに導いたとき、こう言って自軍の選手を鼓舞《こぶ》した。

「俺は緊張するなとは言わん。大いに緊張しろ。足がガクガク震《ふる》えるくらい緊張しまくれ。せっかく日本一を決めるシリーズに出られるんだ。その誇りを持って、緊張感たっぷりのグラウンドで試合をしてこい」

人間というのは不思議なもので、「緊張するな」と言われると、ますます緊張する。逆に「緊張しろ」「どんどん緊張しろ」と言ったほうが、気は楽になる。「緊張したっていいんだ」と理解することで、選手は案外、リラックスして試合に臨《のぞ》めるようになるものだ。

## 欲《よく》から入って、欲から離れる

人間、誰しも欲がある。その欲が成長の原動力にもなる。プロ野球選手だったら、日本シリーズに出て活躍し、注目を浴《あ》びたいと思うのが当然だ。しかし、この欲がともすれば邪魔《じゃま》になるのが短期戦の怖さである。

たとえば、日本シリーズ第7戦の最終回、一打出れば逆転サヨナラの場面に打順が回ってきたとしよう。ここでヒットを打てば、一躍《いちやく》ヒーローである。夜のニュースでも取り上げられるだろうし、翌日のスポーツ紙の一面を飾《かざ》るだろう。そこまで考えて、ウキウキして打席に入る選手もいるかもしれない。これはけっして悪いことではない。

私は欲を肯定する。「打てなかったらどうしよう」と思って弱気になるよりも、「よし、俺が決めてやる」くらいの気概で打席に入るほうがよほどいい。

だが、「勝ちたい」「打ちたい」「目立ちたい」という欲の強さや過剰な自意識だけが前に出ると、結果は往々にして凶《きょう》と出るのも事実である。

せっかくピッチャーの投球が甘いコースに入ったにもかかわらず、無駄な力がバットに伝わって凡打《ぼんだ》となってしまう。よくあることだ。

つまり、欲が体をこわばらせ、バッティングを崩《くず》してしまうのである。「待ってました」とばかり、バットを強振《きょうしん》しても、バッティングフォームに微妙なズレが生じているから、バットの芯《しん》に当たらない。私自身、けっして神経が図太《ずぶと》いわけではなかったから、大事な場面で力《りき》んで失敗したことは幾度もあった。それが、前述の日本シリーズにおける打撃成績にもはっきり出ている。

欲によってフォームが崩れるのは、ピッチャーも同じだ。「絶対に負けられない」「どうしても打たれたくない」と力むと、微妙にフォームが狂い、コントロールは定まらなくなる。あるいは「最後はまっすぐを投げて、三振でカッコよく終わりたい」などと思ったとたん、ボールは甘くなり、痛打される。

欲は大事なモチベーションだが、いざという場面では欲を捨て去らなければならない。真剣勝負の場面では、欲も邪念のひとつと心得てほしい。つまり、大事な試合、大事な場面であるほど、欲をコントロールしなければならない。

バッターだったら、打席に入ってバットをかまえた瞬間から、ピッチャーであればキャッチャーのサインに肯《うなず》いた瞬間から、すべての邪念を捨て、目の前の相手に対して集中する。「欲から入って、欲から離れる」とはそういうことである。いささか禅問答のように聞こえる言葉だが、それができるか否《いな》かが、一流と二流の分水嶺と言っていい。

おそらく、長嶋にはそれができたのだろう。大舞台になるほど無心になり、集中力を研《と》ぎ澄《す》ますことができたのだ。こういう選手がひとりでもいるチームは、まちがいなく短期戦に強い。

## 洗脳

日本シリーズのような短期戦の前に、私が監督として行なったのが「洗脳」だ。洗脳という言葉は誤解を招くかもしれないが、要するに暗示にかけるのである。あるいは、自信を植えつけると言ってもいい。私のように弱いチームの監督ばかりやってきた者にとっては、これが重要だった。

たとえば、日本シリーズ前のミーティングでこんな話をする。

「野球とは何か。そう問われたら、人それぞれ、いろんな答えがあるだろう。そして、正解はひとつじゃない。数ある正解のなかのひとつに、『野球は意外性のスポーツだ』という考え方がある。ペナントレース前の評論家の予想なんて、ほとんど当たらないだろう。俺が思うに、野球くらい予想の難しいスポーツはないよ。

たとえば、ピッチングを考えてみろ。10球投げて、すべて外角低めに投げられるかと言ったら、まず無理だ。10球投げて何球外角低めに投げられるか、それがピッチャーの実力のバロメーター。10球のうち、半分以上投げられるのはエース級のピッチャーだし、たいていのピッチャーは狙《ねら》っても3球くらいしか、外角低めには投げられんよ。甘いコースに来れば当然、誰でも打てる可能性は高くなる。そうしたチャンスを生かし、積み重ねていけば、弱者が強者を倒すことは十分可能だ」

私が現役だった頃、予想が難しいものが三つあった。経済の予想、天気予報、野球の予想である。天気予報はデータの蓄積やコンピューターの発達もあって、ずいぶん精度が上がり、今や８割以上の的中率があるらしいが、野球の予想的中率は今も高くない。だからおもしろいし、日本中の野球ファンが熱狂するのだ。

洗脳はこの程度の話では終わらない。

選手たちはまだ疑心暗鬼だからだ。強いチームを前にすると、そのチームの顔とも言うべき主力選手の存在感や名前に威圧され、戦意喪失することがある。

Ｖ９時代の巨人と相見《あいまみ》えたチームがそうだったはずである。王、長嶋というスーパースターを頂点に、柴田《しばた》勲《いさお》、高田《たかだ》繁《しげる》、土井《どい》正三《しょうぞう》、黒江《くろえ》透修《ゆきのぶ》ら、歴戦の強者《つわもの》が脇役として並ぶ打線は隙《すき》がなく、なんとも嫌《いや》らしかった。ピッチングスタッフも、堀内《ほりうち》恒夫《つねお》、高橋《たかはし》一三《かずみ》、城之内《じょうのうち》邦雄《くにお》、渡辺《わたなべ》秀武《ひでたけ》、宮田《みやた》征典《ゆきのり》と精鋭が揃っていた。

私のヤクルト監督時代、１９９２年に対戦した西武は、Ｖ９巨人以上の顔ぶれだった。一番・辻発彦、二番・平野《ひらの》謙《けん》、三番・秋山《あきやま》幸二《こうじ》、四番・清原《きよはら》和博《かずひろ》、五番・オレステス・デストラーデ、六番・石毛《いしげ》宏典《ひろみち》、七番・安部《あべ》理《おさむ》、八番・伊東勤、九番・田辺《たなべ》徳雄《のりお》。

九番の田辺が3割を打ち、63打点をマークしているのだから、恐るべき打線である。クリーンアップが3人とも30本塁打以上を放ち、辻、平野、秋山、石毛と走れる選手も揃っている。チーム打率は・278。実にバランスの取れた戦力だ。

ピッチングスタッフも敵ながらすばらしい陣容だった。石井《いしい》丈裕《たけひろ》、郭泰源《かくたいげん》、工藤公康《くどうきみやす》、渡辺久信《わたなべひさのぶ》、鹿取義隆《かとりよしたか》と二ケタ勝利を挙げたピッチャーが5人。

このメンバーを見て、ヤクルトの選手が溜《た》め息をもらすのも当然だった。ある選手からこんな声が上がった。

「すげぇ。こんなチームとやるんですか」

位《くらい》負けとはこのことである。私自身、勝てる自信があったわけではない。内心は4連敗しなければいいという気持ちだった。しかし、指揮官としてそんな態度はおくびにも出してはならない。

「打線全体、投手陣全体を見てはダメだ。ひとりひとりを分断して対策を考えれば、すこしも怖がることはない」

これは強い相手と戦う場合の鉄則である。野球は集団競技であるが、その戦いはピッチャーとバッターによる1対1の対決が基本である。つまり、いくら西武の打線が強力だとしても、全員が束《たば》になって襲いかかってくるわけではない。バッターは必ずひとりずつバッターボックスに立つのだ。

そして、大事なことは、どんな強打者であっても必ず弱点はある。スコアラーが収集したデータをもとに、具体的に相手バッターの弱点を教えれば、選手も「勝てそうだ」「恐れることはない」という気になってくる。

データとは、単なる確率を示す数字ではない。選手のモチベーションを高め、先入観や劣等感を払拭《ふっしょく》するための手段となり得る情報なのだ。

たとえば、ストライクゾーンを9分割し、打率が高いゾーン、長打が出やすいゾーン、逆に一番苦手としているゾーンを球種とともに見せ、バッテリーの頭に入れさせる。これで「まちがったところに投げなければ、簡単には打たれない」という確信が生まれる。

バッターも同様である。相手ピッチャーのクセや配球の傾向がわかれば、それだけで優位に立つことができる。

しかも、相手が強ければ強いほど、人間というのは集中力が高まる。1球たりとも気の抜けない状況は、自分がベストパフォーマンスを発揮するのに最適な環境なのだ。弱者が強者を倒すうえで、こうした環境は不可欠である。

逆に気をつけるべきは、自分たちより力が明らかに劣るチームと対戦するときである。油断は気の緩《ゆる》みとなり、思わぬところで足をすくわれることもある。絶対的エースと呼ばれるピッチャーが、非力な下位のバッターに痛打をくらうのは、こうした理由からである。

## 短期戦不敗の監督

かつて、ワールド・ベースボール・クラシック（以下、WBC）の監督候補に挙がった落合博満《おちあいひろみつ》が、「絶対にやりません。短期戦は下手だから。私がやったら負けます」と断言したことがある。

私は、落合が短期戦の戦い方が下手だとは思わない。中日の監督に就任して4年目の2007年には、リーグ2位からクライマックスシリーズを突破して、日本シリーズを4勝1敗で制覇したこともある。しかし、日本シリーズに5回出場しながら、日本一が1回しかないのだから、自《みずか》ら「短期戦は下手」と言う気持ちは理解できる。ただし、これが落合のホンネかどうか……。

日本シリーズに強かった監督と言えば、川上哲治《かわかみてつはる》さんをおいて他にいない。なにしろ巨人の監督として11回出場して、すべて勝っている。しかも11回のなかには、野球ファンなら誰でも知っている9連覇も含まれている。こんな記録はメジャーにもないそうだ。今後も川上さんを超える監督はまず現われないだろうし、日本のプロ野球史上、もっとも短期戦に強かった監督と言っていい。

これまで、日本シリーズに5回以上出場した監督は11人いる。川上さんに次ぐのが、水《み》原茂《はらしげる》(1955〜1959年は円裕《のぶしげ》)さんと鶴岡一人《つるおかかずと》(1959年に山本《やまもと》から改名)さんの9回。西本幸雄《にしもとゆきお》さんと森祇晶が8回。これに続くのが三原脩《みはらおさむ》(1951年に修から改名)さん、私、上田利治《うえだとしはる》、長嶋茂雄、落合博満、原辰徳《はらたつのり》の5回である。

さて、問題は日本一になった回数と勝率である。日本一になった回数で言えば、川上さんの次は森の6回。8回出て6回だから、勝率も高い。しかし、勝率だけなら、三原さんが上回る。5回出場して日本一が4回。そのなかには1956〜1958年に巨人を破って3年連続日本一となった快挙もある。今も三原さんが名将と言われる所以《ゆえん》だろう。

ちなみに、私と上田は日本一が3回。長嶋の2回を上回ったのだから悪い気はしない。そもそも巨大戦力で戦った長嶋と、前年Bクラスの弱小チームばかりを率いた私の成績が同列に比べられるのも嫌なのだが。

私が現役だったときの監督でもある鶴岡さんは、日本シリーズに9回も出場しながら、2回しか勝っていない。これでは短期戦に強いとは言えない。同じ9回出場の水原さんは5回の日本一に輝いている。

しかし、鶴岡さんよりもっと日本シリーズで勝てなかった監督がいる。それが西本さんだ。

西本さんは監督生活20年で、大毎《だいまい》（現・千葉ロッテマリーンズ）、阪急、近鉄（現・オリックス・バファローズ）を指揮し、リーグ優勝8回を達成した。監督通算1384勝は歴代6位である（1位は鶴岡さんの1773勝）。しかし、日本シリーズ制覇は1回も成《な》らなかった。メジャーにもワールドシリーズに8回出場して1回も勝っていない監督はいないらしい。川上さんの日本シリーズ負けなしの記録とはあまりに対照的である。

短期戦に勝てなかった西本さんは、常に「悲運の名将」という形容とともに語られてきた。では、なぜ勝てなかったのか。

## 勝敗を分けた１球

西本さんの「悲運」を語るうえで、必ず取り上げられるのが、１９７９年の近鉄対広島の日本シリーズ第7戦である。野球ファンなら、誰もが知っているだろう。江夏豊の伝説のピッチングがあった試合だ。のちに、スポーツジャーナリストの山際淳司《やまぎわじゅんじ》さんが、「江夏の21球」というタイトルで雑誌にも発表した。

当時、私は西武に所属する現役選手だったが、スポーツ紙に解説を頼まれ、幸運にも、このシリーズを記者席から観戦することができた。私は、シリーズ前から両チームの対戦に特別な興味を覚えると同時に、不思議な縁《えん》も感じていた。

近鉄の監督だった西本さんは、１９７０年代に何度もパ・リーグの覇権をめぐって戦ったライバルでもある。私が選手兼任監督（以下、兼任監督）を務めていた南海を追われるようにして辞めたときには、激励の手紙をいただいた。そんな情に厚い方だった。

いっぽうの広島を率いる古葉竹識《こばたけし》は、私とは同じ釜の飯《めし》を食った間柄である。古葉は現役最後の2年間を南海で過ごし、ユニフォームを脱いだあとの2年間は守備コーチとしてチームを支えてくれた。

そしてもうひとり、江夏である。江本孟紀《えもとたけのり》らとの交換トレードで南海に来たのが、3年前の1976年。先発からリリーフへの転向を渋《しぶ》る江夏に「球界に革命を起こそうやないか」という決めゼリフで口説いた日のことは忘れられない。江夏は、広島に移籍して2年目のこのシーズン、リリーフとしてセーブ王のタイトルを獲得し、MVPにも輝く大活躍だった。

その江夏が、日本シリーズ最終戦の9回裏のマウンドに立っている。7回裏からマウンドに上がり、アウトをあと三つ取れば広島の日本シリーズ初制覇が決まる。スコアは4対3。しかし、先頭打者の羽田耕一《はだこういち》に初球をセンター前に弾《はじ》き返されると、代走・藤瀬史朗《ふじせしろう》の盗塁と二つの四球により、あっというまに無死満塁となった。

風雲急を告げるとはこのことだろう。それまで、どちらかと言えば地味に推移してきたシリーズだったが、最終戦の最終回に最高のクライマックスが訪れたわけだ。

西本監督をはじめ、近鉄ベンチの誰もが逆転サヨナラ劇を信じたに違いない。西本さんは、リリーフエース・山口哲治《やまぐちてつじ》の代打に佐々木恭介《ささききょうすけ》を送る。佐々木は前年のパ・リーグ首位打者で、この年も打率・320をマークしている。故障を抱《かか》え、このシリーズでは控えに回っていたが、左ピッチャーに強い右の強打者だ。この場面で、佐々木のような切り札が残っていたのだから、流れは明らかに近鉄に傾《かたむ》いていた。

佐々木は初球ボールのあと、2球目の真ん中よりのストレートを見逃《みのが》した。私はその瞬間、声を上げそうになった。

「なぜだ。なぜ、こんな甘いボールに手を出さないんだ」

これでカウントは1―1。次の抜け気味のフォークを痛打すると、打球は三塁線ギリギリの当たり。一瞬、近鉄の応援席は沸《わ》き上がったが、判定はファウル。フェアゾーンに入っていれば、5対4で近鉄のサヨナラ勝ちになるところだった。

佐々木はこのあと、ファウル、ボールで2―2のカウントになり、最後はストライクからボールになるカーブにタイミングが合わず、あえなく空振り三振に終わった。

それでも一死満塁。続く石渡茂《いしわたしげる》に対し、西本さんは「三つのストライクを積極的に振ってこい」と送り出したという。しかし、石渡は江夏の初球のカーブをしゃがみ込むような格好で見逃した。これを見て、西本さんは考えを変えたのだろう。スクイズのサインを出した。この回、西本さんが出した、たった1回のサインである。

しかし、江夏は三塁ランナーのスタートに気づき、とっさにモーションの途中でカーブの握りのまま、ボールをウエストした。石渡のバットは空《くう》を切り、三塁ランナーは本塁で憤死。これで二死二、三塁となった。石渡は1球ファウルのあと、この日の江夏のウイニングショットだったカーブを空振りして、西本さんの悲願は泡《あわ》と消えた。

江夏が9回裏に投げた全21球のうち、スクイズに反応したウエストボールばかりに話題が集まるが、私には本当に江夏が意図して投げたボールだったのか、単なるすっぽ抜けのカーブだったのかは判別できない。

それよりも、佐々木が2球目の甘いストレートを簡単に見逃した場面に勝敗の分かれ目があったと私は考える。江夏が佐々木に投じた6球のうち、あのボールが唯一のストライクだった。あの1球で江夏は息を吹き返したようにも見えたし、あそこで佐々木がバットを振っていれば、仮にファウルに終わっても、その後の広島バッテリーの配球は変わっていたはずである。

佐々木の見逃し。これこそがレギュラーシーズンにはない、日本シリーズという大舞台の重圧のせいかもしれない。その意味ではこの１球に江夏の運があったし、西本さんにはなかった。そして、私には短期戦における１球の怖さを教えてくれた場面でもあった。

佐々木は「人生を巻き戻せるなら、日本シリーズのあの打席の２球目の場面をやり直したい」と語っている。

## なぜ西本幸雄は日本一になれなかったか

野球には不思議なめぐりあわせがある。

前述の１９７９年の日本シリーズからさかのぼること19年、１９６０年、西本さんは大毎の監督として、就任1年目にリーグ優勝を遂げた。大毎はミサイル打線の異名を取った破壊力抜群の攻撃力が売り。日本シリーズの相手は、三原さんが率いる大洋（現・横浜DeNAベイスターズ）で、予想は大毎有利だった。

ところが、大毎は1勝もすることなく大洋に屈する。しかも、４試合とも1点差負け。

このシリーズの敗因として取り沙汰《ざた》されたのが、第2戦の8回表の場面だった。2対3と1点リードを許しながらも、一死満塁と大毎は攻め立てた。

ここで西本さんが五番バッターの谷本稔《たにもとみのる》に出したサインが、スクイズだった。広島との日本シリーズ最終戦の最終回とほぼ同じ展開である。そして、このときもスクイズは失敗。谷本がバットに当てた打球はキャッチャー前に転がり、一瞬にしてダブルプレー。以後、勝負の流れをつかむことなく、大洋に押し切られてしまった。

西本さんはこの采配をめぐり、映画会社大映《だいえい》の社長で大毎オーナーの永田雅一《ながたまさいち》氏と激しく対立し、結局、監督を辞任している。私は西本さんがスクイズを選択したことの是非を論じようとは思わない。

試合における監督の仕事とは、状況に応じて選手を起用し、バント、ヒットエンドラン、バスターなどの作戦を決断・遂行していくことである。たとえば、先の西本さんがスクイズを出した場面で考えるのは、アウトカウントやボールカウント、相手ピッチャーのコントロールや守備力、キャッチャーの配球などである。そのうえで作戦を決めるのだが、成功率を高めることはできても、それが絶対に成功する保証はどこにもない。それが野球だ。

もし、1960年と1979年の2回のスクイズが成功していれば、西本さんが、「悲運の名将」と言われることもなかったかもしれない。では、西本さんは運がなかったから、日本一になれなかったのだろうか。

相手が悪かったという一面は確かにある。8回のうち5回はV9の巨人との対戦だった。阪急だけでなく、パ・リーグの球団は9年間で1回も巨人に勝てなかったのだ。しかも、この間の巨人は、1回も第7戦まで試合をしたことがない。4勝2敗が4回、4勝1敗が5回。もちろん、競《きそ》った試合はいくつもあるが、結果を見る限り、横綱相撲でパ・リーグの覇者を退《しりぞ》けている。

西本さんが日本シリーズで勝てなかった要因をあえて挙げるとすれば、それは「情」ではないか。もっと厳しい言い方をすれば、選手のわがままを許してしまう「甘さ」である。

1978年、近鉄と阪急が優勝争いを演じたシーズンのことである。西本さんの近鉄は阪急の前に屈するのだが、最後の天王山《てんのうざん》となった試合で、私は不可解に感じたことがあった。「ここはエースの鈴木啓示《すずきけいし》をリリーフに起用するしかない」場面があったのだ。ところが、鈴木は出てこない。

私は次のカードで阪急と対戦した際に、西本さんに尋《たず》ねた。

「あそこは鈴木を使うしかないでしょう。どうして登板させなかったんですか」

「ノムもそう思うか。でも、あいつは絶対に嫌だって言うんだよ。『無理して肩や肘《ひじ》を壊したら、誰が責任を取ってくれるんですか』と。どうや、ノムから鈴木にすこし意見してやってくれんか」

鈴木の言い分にも一理《いちり》ある。プロ野球選手は身体《からだ》が資本。過去に酷使の影響で選手生命を縮《ちぢ》めた選手は、枚挙にいとまがない。

しかし自己流を貫《つらぬ》くのもけっこうだが、エースたるもの、いざとなったら「チームのため」を最優先し、ナインの鑑《かがみ》となるべき存在ではないのか。監督が止めても「私に投げさせてください」という気概が欲しい。そうしたエースの言動はまちがいなくチーム全体に影響をおよぼし、団結力や一体感を生み出すことにもなる。

そして、監督がすべきなのはそのような気概や気骨を持った選手を育成することである。戦術や技術以前に、ひとりの人間としての生き方、考え方を教えなければならない。人間的な成長が、野球人としての成長につながるのである。

私が森祇晶から聞いたところでは、川上さんがミーティングで話すのは「和《わ》」「礼儀」、さらに、人としてどう生きるかという内容だったという。要するに人間学である。西本さんはそれを教えていなかった。おそらく鈴木が巨人に入団していたら、もっと違う選手、つまり真のエースになっていただろう。

川上さんにあって、西本さんになかったもの。それは、「運」と「人間教育」だったような気がしてならない。

**長期戦で効果があっても、短期戦では通用しないこと**

大先輩に対し、いささか厳しいことを言ってしまったが、私は西本さんが名将であることについて異論はない。

西本さんが監督を引き受けた１９６０年代の阪急も、１９７０年代の近鉄も万年Ｂクラスのチームだった。西本さんは、そんな弱小球団を、熱血指導によって強いチームに変貌させたのである。毎日、自ら手取り足取りで、これはと思う若手選手を指導した。当然、時間はかかる。阪急がリーグ優勝したのは監督就任5年目、近鉄は6年目（後期優勝は2年目）だった。しかし、両チームともそこから連覇したのだから、強さはホンモノだった。

西本さんは、バーベルなどを使った筋力トレーニングをいち早く取り入れた指導者としても知られる。筋トレはもちろん、水泳も野球選手にはよくないと言われた時代だったことを思えば、まさに英断であり、先見《せんけん》の明《めい》があったと言えよう。

同時に、西本さんはときには鉄拳《てっけん》も辞さないスパルタ主義の人であった。私は、熱くなった西本さんが勢《いきお》い余って選手を殴《なぐ》る場面を何度も目撃している。しかし、この厳しい指導から、長池徳二《ながいけとくじ》（現・徳士《あつし》）、加藤秀司《かとうひでじ》、山田久志《やまだひさし》といった若手が一流選手へと育っていった。

半世紀近く前には、プロ野球界も鉄拳制裁や精神野球がはびこっていた。その精神野球、根性野球で南海を常勝軍団にしたのが、私の恩師である鶴岡一人さんである。鶴岡さんもよく選手を殴った。一番近いところでは星野仙一《ほしのせんいち》だろう。

西本さん、鶴岡さん、星野――3人の名前を並べて、気づいたことが二つある。

ひとつは、3人とも東京六大学野球の出身であることだ。西本さんが立教大学、鶴岡さんが法政大学、星野が明治大学。高校しか出ていない私は大学卒と聞くと、それだけでコンプレックスを抱くのだが、当時の大学野球は精神野球の色が濃かったと推測している。そこで育ち、自分が監督になると、精神野球や鉄拳制裁が顔を出すのは当然とも言える。

もうひとつは、西本さんを筆頭に、鶴岡さんも星野も日本シリーズの成績が芳《かんば》しくないことである。鶴岡さんは9回出て2回しか日本一になっていない。星野も4回出て日本シリーズに勝ったのは楽天時代の1回だけ。

しかも鶴岡さんが宿敵・巨人を倒したのは、シーズンで38勝4敗の成績を残した杉浦忠が4連投4連勝した1959年だけである。星野も、24勝無敗の田中将大《たなかまさひろ》を擁した2013年に、中日と阪神では叶《かな》わなかった日本一をやっと達成した。失礼を承知で言うのだが、監督の手腕でもぎ取った日本一という気がしないのだ。

こうした事実から何が導き出されるか。賢明な読者は、もうお気づきかもしれない。精神野球、根性野球は長期戦には向いているが、短期戦には通用しない。つまり、選手を引っぱたいたり、大声で怒鳴《どな》ったりしても、大事な試合には勝てないということだ。

野球の原理原則にもとづき、緻密《ちみつ》な戦略・戦術を立て、準備万端で臨《のぞ》んでこそ日本一という果実を得られるのだと私は確信している。

第2章

# クライマックスシリーズ

## ふたつのプレーオフ

現在、セ・パ両リーグで導入されているクライマックスシリーズ（以下、CS）だが、「プレーオフ」という名称で先鞭《せんべん》をつけたのはパ・リーグだ。2004年のことである。

2004年と言えば、プロ野球再編問題が起こった年。近鉄とオリックスの合併構想に端《たん》を発《はっ》し、球団数を減らして8チームによる1リーグ制の移行なども持ち上がる。そんな問題が起きるのも、すべてパ・リーグの不人気が原因だった。

その後、選手会によるプロ野球史上初のストライキ決行などもあり、結局、12球団の存続が決定。また、近鉄とオリックスが合併し（現・オリックス・バファローズ）、50年ぶりに新球団・楽天が宮城県の仙台《せんだい》に誕生した。ちなみに、日本ハムが東京から北海道に移転したのも、この年である。2004年は、プロ野球の転換点だったのかもしれない。

2004年からさかのぼること31年前の1973年、同じくパ・リーグでプレーオフが導入された。このときも、深刻な観客動員の低迷を打開することが目的だった。

当時130試合制で実施されていたレギュラーシーズンを65試合ずつの前期と後期の2シーズンに分け、前期優勝チームと後期優勝チームによる3勝先勝制で戦うというものだ

（この制度を利用した私の作戦は64〜70ページで詳述する）。前期・後期とも同一チームが優勝した場合、プレーオフは行なわれない。実際、1976年と1978年の阪急がその例で、「完全優勝」と言われた。

第1戦・第2戦は前期優勝チーム、第3戦・第4戦・第5戦は後期優勝チームがそれぞれのホーム球場で戦った。これを含め、日本シリーズとしくみはよく似ている。プレーオフの勝者が日本シリーズに出場できるのはもちろん、年間順位も1位、すなわち優勝とされた（たとえレギュラーシーズンの勝率が2位だとしても）。

いっぽう、2004年から始まったプレーオフは、レギュラーシーズンの3位チームと2位チームが2勝先勝制で戦う第1ステージ、その勝者とレギュラーシーズンの1位チームが3勝先勝制で戦う第2ステージに分かれている。アドバンテージ1勝は、1位チームが対戦チームにレギュラーシーズンに5ゲーム以上差をつけたときのみ付与された。

球場はすべて、第1ステージでは2位チームの、第2ステージでは1位チームのホーム球場である。これは現在のCSと同じだ。年間順位1位（優勝）は第2ステージの勝者、それ以外の順位はレギュラーシーズン通りとされた。ちなみに、CS導入後はレギュラーシーズン通りの順位で、日本シリーズに出場しても順位の変更はない。

ここまで制度や、そのしくみを縷々《るる》述べてきたが、それによって戦い方が異なるからだ。具体的に見てみよう。

## 負けてもともとvs.絶対に負けられない

2004年、最初のプレーオフでは、移転したばかりの日本ハムが3位、それも5割をわずかに上回る勝率・504でプレーオフに進出。2位の西武と第1ステージで対戦したが、西武の前に1勝2敗で退けられた。いっぽうの西武は勢いに乗って、リーグ優勝したダイエー（現・福岡ソフトバンクホークス）を3勝2敗で撃破している。

1位・ダイエーと2位・西武の差は4・5ゲーム。ダイエーは三冠王を獲得した主砲の松中信彦《まつなかのぶひこ》を筆頭に、チーム打率・292という打撃のチームだった。

ところが、松中は西武に徹底的にマークされ、5試合で19打数2安打。西武投手陣によって完璧に抑《おさ》えられた。象徴的だったのは、第5戦の9回裏である。同点に追いつき、なおも二死二、三塁のチャンス。ここで松中はセカンドゴロ。四番の重圧に押しつぶされたように見えたのは、私だけではないだろう。

プレーオフは導入1年目にして、短期戦ならではのおもしろさも怖さも、さらに問題点も明らかになった。勢いひとつで下位チームが日本シリーズにまで勝ち進む可能性があることを、天下に見せつけたのである。

「負けてもともと」という開き直った精神状態で戦える下位チームと、「絶対に負けられない」という呪縛《じゅばく》のなかで戦うリーグ優勝チーム。私は、阪神の監督を退任して社会人野球シダックスの監督をしている時期だったが、テレビを観《み》ながら、短期戦における心理的要因の大きさを痛感せざるを得なかった。

翌年、ダイエーはチーム名がソフトバンクに変わるが、短期戦での弱さは変わらない。シーズンを1位で通過しながら、やはり2位のロッテに敗れた。奇《く》しくも、この年もロッテとは4・5ゲーム差だった。

2004年の西武も、2005年のロッテも、プレーオフを勝ち上がった勢いそのままに日本シリーズを制している。2004年は西武が伊東勤、中日が落合博満と、ともに監督就任1年目の対戦となったが、西武が4勝3敗で中日を下した。翌年、パ・リーグの代表ロッテを率いたのはボビー・バレンタイン。パ・リーグ２位でプレーオフを勝ち抜くと、岡田彰布《おかだあきのぶ》が監督を務めた阪神を４タテで下した。チーム力の差というより、阪神がロッテの勢いに呑《の》まれたのは明らかだった。

ロッテの選手は、プレーオフから日本シリーズまで伸《の》び伸びとプレーしていた。スポーツ紙を見ても、選手たちが異口同音《いくどうおん》に「プレッシャーはまったくありませんでした」と、あっけらかんと語っていたのを覚えている。この気楽さが、私には信じられない。大舞台の経験は緊張感があるからこそ、自分の糧《かて》となる。彼らは、日本シリーズという得がたい機会から、何を学習したのか。

余談だが、バレンタインは毎試合のように打線を組み替える采配で知られる。この年は１３６試合で１２５通りの打線が組まれた。どうやら統計アナリストのデータを参考に、相手ピッチャーとの相性を見たうえで、選手を起用していたらしい。だから、前日に猛打賞の活躍を見せた選手を翌日外すこともあるわけだ。四番に長打力が期待できないサブローを置くのもバレンタイン流だろう。

しかし、私に言わせれば、こんな戦術は一種の目くらましである。打線の中心には中心にふさわしい選手を置くのが本来の野球だ。短期戦でたまたまうまくいったとしても、長いペナントレースで通用するはずがない。それが証拠に、バレンタインのロッテがプレーオフを勝ち上がったのも、日本一になったのもこの年限りである。

## アドバンテージ1勝の価値

２００６年のセ・リーグを制したのは、落合博満が率いた中日だった。しかし、日本ハムとの日本シリーズでは第１戦を取っただけで、第２戦から４連敗。いいところなく敗れた。２００４年から２００６年まで、日本シリーズは３年連続でパ・リーグ球団が制したわけだ。

プレーオフ制度がパ・リーグに有利に働いたのは明らかである。日本シリーズという大舞台に挑《いど》む前に「勢い」という名の無形の力を手に入れているのだから、当然の結果だろう。

こうなると、セ・リーグもプレーオフ制度を導入せざるを得ない。もちろん、人気低迷を打破する意図もあったはずだ。スター選手のメジャー流出などにより、野球人気は陰《かげ》りを見せ始め、この頃からテレビの地上波放送もどんどん減少した。人気球団の巨人ですら、長嶋茂雄の監督退任や松井秀喜《まついひでき》のヤンキース移籍の影響が大きく、巨人戦は日本テレビにとって優良コンテンツではなくなりつつあった。もはや、日本のプロ野球は巨人人気に頼っていればなんとかなった時代は終わろうとしており、プレーオフ制度の導入は当然のなりゆきだった。

2006年のオフにセ・リーグも導入が決まり、これでセ・パの足並《あしな》みがようやく揃ったわけである。「クライマックスシリーズ」という名称はファンからの公募によるもので、なかなかよいネーミングだと思う。

各リーグの2位チームと3位チームが3試合制（2勝先勝で引き分けも試合数にカウント）で戦う第1ステージ（2010年からはファーストステージ）、1位チームと第1ステージ勝利チームが5試合制（3勝先勝で引き分けも試合数にカウント）で戦う第2ステージ（2010年からはファイナルステージ）の2段階方式は、2004〜2006年に実施されたプレーオフを踏襲したのだろう。

この、引き分けが試合数にカウントされるというのがミソだ。日本シリーズ同様、先勝制だが、同じ勝敗となった場合は上位チームの勝利とされており、極端なことを言えば、上位チームは試合でひとつも勝てなくても突破できるのだ（第1ステージで0勝0敗3引き分け、第2ステージで0勝0敗5引き分け）。つまり、上位チームにとって、CSは勝つことよりも負けないことが重要となる。

CS導入による波乱は、第1回開催からいきなり起きた。リーグ2位の中日が第1ステージで阪神に2連勝して勝ち上がると、第2ステージでは1位の巨人に3連勝。中日はCS突破の勢いをそのまま日本シリーズに持ち込み、前年に敗れた日本ハムを4勝1敗で一蹴《いっしゅう》した。落合は、8年間の中日監督時代に日本シリーズには5回（リーグ優勝は4回）出場しているが、彼が日本一になったのはこのときだけである。

巨人の渡辺恒雄《わたなべつねお》球団会長が「優勝の価値がなくなる」と、CSに異論を唱えたのもこのシーズンだった。それが引き金《ひがね》となったかは不明だが、翌年からCSが改変された。

第2ステージで1位チームにアドバンテージ1勝が付与され、6試合制（4勝先勝）になったのである。しかし、第1ステージを突破した「勢い」と「アドバンテージ1勝」が等価かどうかはわからない。

2008年以降の10年間で、リーグ優勝できなかったにもかかわらず、CSを勝ち上がったケースがセ・リーグに2回（2014年の阪神、2017年のDeNA）、パ・リーグに1回（2010年のロッテ）ある。しかも、2010年のロッテと2017年のDeNAはともに3位からの下剋上《げこくじょう》だ。やはり、短期戦は何が起きるかわからない。これが短期戦のおもしろさであり、怖さでもあるのだ。

## 戦意を喪失させた言葉

私自身は、CSに出場した経験は楽天監督時代に1回あるだけだ。楽天は2005年の球団創設1年目は借金59、勝率も3割を切る惨敗に終わり、私はその翌年から指揮を執《と》ることになった。なんでも、70歳での監督就任は史上最年長だそうである。私は「弱いチームには弱いチームなりの戦い方がある」と抱負を語ったが、1年目は最下位。つまりチームとしては2年連続最下位だった。

手応《てごた》えを感じたのは2年目からだ。ルーキー田中将大の加入があり、野手陣では四番の山﨑武司《やまさきたけし》が43本塁打、108打点の活躍を見せた。ようやく投打の軸ができ、最下位を脱出して4位に浮上したのである。ところが、翌年は5位に逆戻り。それでも、ピッチャーの岩隈久志《いわくまひさし》がケガから完全復活し、21勝4敗という抜群の成績を残した。

こうして迎えたのが2009年だった。岩隈、田中と第2回WBC日本代表にも選ばれた先発の柱が2本揃ったのが、何より心強かった。夏場、5位に後退した時期もあったが、尻上がりにチームは調子を上げて、球団創設以来はじめて2位となり、ついにクライマックスシリーズ出場を決めたのである。

しかし、予期せぬ事態が私を待っていた。シーズン最終戦の前日、球場の監督室に米田《よねだ》純《じゅん》球団代表と島田《しまだ》亨《とおる》球団社長がやってきたので、私はてっきり激励の訪問かと思った。ところが、両者の言葉は、私の期待を大きく裏切るものだった。

「野村監督とは来季の契約をいたしません」

あきれてものが言えないとはこのことである。これから大事な決戦が始まろうとしている時期に、クビの宣告だ。腹立ちまぎれに私は聞いた。

「もし、CSを勝ち上がり、日本シリーズに勝ってもクビですか?」

「退任していただく方針は変わりません」

ここまで断言されたら、私も受け入れざるを得ない。それにしても最悪のタイミングだ。

戦いには四つの要素がある。「戦力」「士気」「変化」「心理」。このなかで大事なのが「士気」である。ムードや勢いと言い換えてもいい。そして、味方の士気を高揚させ、選手に勢いをつけるのも、監督の仕事である。しかし、こんな解雇通告を受けたら、大事な決戦の前に監督自身の士気が消え失せてしまう。

それでも、私は必死に自分を奮《ふる》い立たせて試合に臨《のぞ》んだ。意地でも勝ってやろうと思った。不思議なもので、グラウンドに立てば、勝負師としての血が騒いでくる。

## 短期戦は「後攻」が有利

第1ステージの対戦相手はソフトバンク。第1戦を11対4で圧勝すると、第2戦も4対1と危なげない勝利だった。岩隈、田中の両エースが完投したのも大きい。岩隈がヒーローインタビューで「テッペン取りますから」と宣言すれば、第2戦に投げた田中もファンに向かって「みなさんもいっしょにテッペン目指していきましょう」と続いた。私を含めベンチの全員が勢いを感じたはずである。このまま日本シリーズまで突っ走れそうだという雰囲気さえあった。

第2ステージは日本ハムの本拠地・札幌《さっぽろ》ドーム。第1戦も7回を終わり、6対1とリードした。8回、日本ハムに3点を奪われたが、9回表に鉄平《てっぺい》が2ランホームランを放ち、4点差。しかし、9回裏にまさかのドラマが待っていた。

日本ハムは一死から3連打と1四球で3点差。さらに、五番のターメル・スレッジがリリーフの福盛和男《ふくもりかずお》の外角ストレートを叩《たた》いて、逆転満塁サヨナラホームラン……。三原脩さんの言葉「野球は筋書きのないドラマだ」そのままの展開である。

これで、流れは完全に日本ハムに傾いた。翌日、岩隈の粘投《ねんとう》に打線が応《こた》えられず、1対3で落とし、次の試合は田中でなんとか1勝。しかし、もう負けられない状況は変わらない。第4戦も終始、日本ハムのリードで展開し、8回表を終わって4対6と2点ビハインド。その裏、二死二、三塁のピンチを迎えた。

バッターは、第1戦で逆転満塁弾を打っているスレッジ。ここを抑えれば、まだ2点差だ。最終回の攻撃に希望をつなぐことができる。私はこの場面で、2日前に完投している岩隈をマウンドに送った。この日、岩隈は自ら志願してブルペンに入り、いざというときの登板に備えていたのだ。スレッジを敬遠する手もあったが、私は「勝負させてください」と言う岩隈の心意気と闘争心に賭けた。

楽天の監督に就任以来、私は岩隈に対して何度も批判してきた。

「100球を超えると、決まって自ら交代を申し出る。これではガラスのエースと言わざるを得ない」

「あそこが痛い、ここが痛いと、ホントに情《なさ》けない。偉大なる小市民だね」

そんな岩隈が、初のCSで中1日でありながら登板を志願してくれたのである。結果はスレッジにダメ押しの3ラン。結局、1勝4敗で日本シリーズに進むことはできなかった。勝負に徹することのできなかった私の判断を「甘い」と言う人もいるだろう。しかし、後悔はしていない。

ベンチに戻った岩隈が見せた涙に、私は彼の成長を感じた。これまで感情を表に出すことのなかった岩隈が、チームの勝利に貢献できなかった悔《くや》しさをぶつけたのである。チームがようやくひとつになったようにも思えた。

ところで、はじめてCSを戦ってみてわかったことがひとつある。

それは、上位チームがすべて本拠地で戦うことだ。本拠地で自軍のファンに囲まれて戦うから有利だと言いたいのではない。ホーム球場だろうが、ビジター球場だろうが、同じグラウンドで試合をするのだから、条件は同じだ。ましてやシーズン中から何度も試合をしている、なじみのある球場である。プロである以上、敵地のグラウンドで試合をすることは、それほどハンデにはならない。

決定的なのは先攻か、後攻かの差である。ご存じのように、日本のプロ野球ではレギュラーシーズンはもちろん、CSや日本シリーズでも、ビジターが常に先攻となる。シーズン成績の上位チームが常に後攻なのは大きい。というのも、野球で大事なのは7回以降だからだ。もし同点、あるいはリードされていても「9回裏がある」「9回裏の攻撃が期待できる」と思える。この心理的な優越感が意外に試合を左右するように思う。

2009年のCSも楽天が後攻、日本ハムが先攻だったら、どうだっただろう。スレッジに逆転満塁弾が飛び出した第1戦の9回表と裏の攻防も、ずいぶん違ったものになったのではないか。

ここで打たれても、まだ9回裏の攻撃がある――楽天バッテリーがそう思うことができれば、もっと大胆かつ冷静に攻められたはずである。勝負とは微妙な心理の揺れが影響をおよぼすものだ。

同じ短期戦でも、日本シリーズとはそこが違う。日本シリーズは両チームがそれぞれ後攻（ホーム球場）、先攻（ビジター球場）で戦うからだ。

こうして見てくると、CSを単なる日本シリーズの前哨戦ととらえるのではなく、CSならではの戦い方があることがよくわかると思う。

## 短期戦は〝口撃《こうげき》〟が有効

パ・リーグで最初にプレーオフ制が導入されたのは、前述のように1973年である。南海で兼任監督だった私は、これを好機到来と判断した。

当時、パ・リーグで隆盛をきわめていたのは、西本幸雄さんが率いる阪急だった。福本《ふくもと》豊《ゆたか》、長池徳二、加藤秀司ら好打者・強打者が揃う打撃陣と、山田久志、米田哲也《よねだてつや》といった絶対的エースを擁する投手陣は、ともに頭ひとつ抜けていた。130試合の長丁場をまともに戦ったら、阪急を上回る成績を挙げるのは難しい。しかし、前半の65試合だけなら可能性はある。極端なことを言えば、後期は最下位、いや0勝でもいいから、前期は死にもの狂いで勝ちにいこうと考えた。

これがまんまと当たった。38勝26敗1分けで、2位に2ゲーム差をつけての前期優勝だった。軸となったのはトレードで獲得した江本孟紀、山内新一《やまうちしんいち》といったピッチャーで、38勝のうち、完投勝利は23を数えた。特に、山内は前半だけで14勝の大活躍だった。シーズンを通しても20勝8敗。前年、巨人で1勝もできなかったピッチャーが、私のリードで大《おお》化《ば》けしてくれた。

対して、後期は30勝32敗3分け。首位の阪急には13ゲーム差をつけられての3位だった。なにしろ、前期は阪急に8勝5敗と勝ち越しながら、後期は12敗1分けと、ひとつも勝てなかったのだ。あまりにもふがいない負けっぷりは、ファンからもマスコミからも「前期の優勝はまぐれだ」と散々叩かれた。

プレーオフの予想は、どのスポーツ紙を見ても阪急の圧倒的有利。しかし、私には望むところだった。思惑《おもわく》通りの展開と言っていい。後期はわざと負けたわけではないが、無理して勝とうとも思わなかった。要はプレーオフで3勝できればいいと考えていた。

私はスポーツ紙を通じて、阪急を挑発することも忘れなかった。

「あちらさんのほうが戦力ははるかに上。まともに戦ったら勝負になりませんよ。でも、阪急は大試合には弱い。日本シリーズでは巨人に5回対戦して1回も勝っていないんだから。そこがわれわれの狙いどころかな」

この〝口撃《こうげき》〟は、意外に効果があった。少なくとも「大試合に弱い」という指摘は、阪急サイドに嫌なイメージを抱かせたはずだ。

しかも、こちらは捨て身の勝負ができるのに対し、相手は「絶対に勝たなければ」という意識が強い。要するに、CSでシーズン1位チームと3位チームが戦うようなものだ。

実際、130試合トータルで見ると、この年の阪急は勝率・616で首位。勝率・540の南海は、阪急に9・5ゲームの大差をつけられての3位となる。

阪急選手の緊張ぶりは第1戦が始まると、すぐにわかった。私が打席に入ったバッターに話しかけても、誰ひとり、応じないのだ。いつもなら気軽に会話する大熊忠義さえ、返事がない。そこで、私は彼を怒鳴りつけてみた。

「おい、先輩がしゃべっているのに、返事くらいせんか」

大熊は私とは目を合わせずに、小さな声でつぶやいた。

「ノムさん、勘弁してください。今日は試合前のミーティングで言われたんですよ。『野村のことは無視しろ、話したら罰金だ』って」

私はこれを聞いて、ほくそ笑《え》んだ。「われに勝機あり」と思った瞬間である。西本監督自身が、私の挑発を過剰に意識して緊張しているのは明らかだし、指揮官の緊張が選手に感染するのも当然だろう。だから、私はいつも以上に選手にささやき続けた。無視されてもかまわない。選手の集中力をすこしでも妨《さまた》げれば儲《もう》けものだからである。

## どの試合を捨てるか

私が阪急とのプレーオフ前に考えた戦略は、全試合を勝ちにいかないことだった。第1戦・第3戦・第5戦に戦力を集中し、第2戦・第4戦は捨てゲームでいいと考えたのである。だから、当時もっとも信頼が厚く調子もよかった江本を奇数試合に登板させ、偶数試合ではどんな展開になっても使わないことを決めていた。

第1戦重視は、弱者の兵法の基本である。

これを落とせば、選手は「やっぱりダメか」「9・5ゲーム差の実力は簡単には埋められない」と意気消沈するし、逆にものにすれば「おい、これはわからんぞ」「監督が言う通り、相手は思ったほど強くはない」と感じ、それが自信にも変わる。いっぽう、敵は負けるはずがないと思っていた相手に土をつけられたのだから、ますます緊張する。

第1戦は、2回に3点を挙げて逆転すると、早めの継投で阪急の追撃を断《た》ち、最後は8回途中から江本を投入、4対2で逃げ切った。案《あん》の定《じょう》、ベンチの雰囲気は変わった。全員が「勝てるかもしれない」と思い始めたのだ。

第2戦は、スコアこそ7対9だが、5回に1対8となった段階で負けを覚悟した。その後、門田博光《かどたひろみつ》とクラレンス・ジョーンズのホームランなどで追い上げたが、私は「これで打線の調子が上向けばいい」という程度にしか思わなかった。悔しさもなかった。

第3戦は、6対3で江本の完投勝利。第4戦は、1対13の完敗。阪急のエース米田の前に打線も沈黙した。

こうして、雌雄を決する大一番となったのが第5戦である。

阪急・山田、南海・山内の投手戦が繰り広げられ、8回を終わってスコアは0対0。9回表二死、その均衡を破ったのはウィリー・スミスの一発だった。

スミスは前年こそ24本塁打をマークしたが、この年はわずか5本塁打。無断欠場により1カ月近い自宅謹慎処分も受けた問題選手である。しかし、意外性と長打力の魅力があった。この日は7回一死満塁の場面に代打で起用すると、あえなく三振。それでも、私がそのまま守備につかせたのは「今日の山田から連打での得点は難しい。試合を決めるのはホームランだ」という読みがあったからだ。それがまんまと当たった。

さらに続く広瀬叔功《ひろせよしのり》も気落ちした山田からホームランを打って、2点のリード。しかし、これで終わらないのが野球である。

9回裏、リリーフの佐藤道郎《さとうみちお》が、二死から代打の当銀秀崇《とうぎんひでたか》にホームランを浴びて2対1。打席に迎えたのは、のちに代打本塁打の世界記録（通算27本）を樹立する高井保弘《たかいやすひろ》だ。高井の弱点は内角のまっすぐだから、軟投派の佐藤では心もとない。私はすぐに江本への交代を告げたのだが、なんと江本は胴上げに備えて運動靴を履《は》いていた。江本は急いでスパイクに履き替えると、ベンチ前で数球投げただけでマウンドに上がった。

それでも、江本は私の期待通り、高井を三振に切り、リーグ優勝が決まった。鶴岡監督の時代から7年ぶり、そして南海という球団名での優勝はこれが最後となった。

この年の南海のリーグ優勝に対しては「後期はわざと負けたのではないか。こんな手抜きがスポーツで許されるのか」と批判されたこともある。「死んだふり作戦」と名づけたスポーツ紙もあった。

しかし、私はなんら恥じることはないと思っている。弱者が強者に真正面からぶつかっても勝てる可能性は低い。大事なのは、自軍の戦力を冷静に分析し、それをどこでどう使うかである。戦力の選択と集中、これもまた野球の戦い方には不可欠だ。

それにしても、私にとっては会心《かいしん》の戦いだった。その後、ヤクルトで4回のリーグ優勝、3回の日本一に輝いたが、こんなに読み通りに事《こと》が運んだことはない。

## このままのCSなら廃止せよ!

3位のDeNAがセ・リーグ2連覇の広島を破った2017年のCSには、私に限らず、多くのプロ野球ファンが違和感を覚えたのではないか。私は何も、アレックス・ラミレス、緒方孝市《おがたこういち》両監督の采配に見るべきものがなかったと言いたいわけではない（本当はその通りなのだが）。

問題は、シーズン1位・広島と3位・DeNAの差が14・5ゲームもあったことだ。広島と2位・阪神の差も10ゲーム。広島は9月18日には優勝を決め、CS開催まで1カ月のブランクがあった。いっぽう、DeNAはCS出場権をかけてギリギリまで巨人と熾烈《しれつ》な戦いを繰り広げ、さらにCSファーストステージで阪神を下し、勢いに乗った。

1位・広島に1勝のアドバンテージと本拠地開催、つまり後攻の優位があったのは確かだ。しかし、試合間隔が空《あ》き、ゲーム勘が鈍《にぶ》る不利は否《いな》めない。その差は短期戦ほど大きくなる。広島は第1戦を5回降雨コールド勝ちで拾ったが、以後4連敗。ペナントレースでの圧倒的な強さがウソのような負け方だった。

2010年にロッテが3位からCSを勝ち上がり、日本一になったケースもあるが、このシーズンの1位・ソフトバンクとロッテの差は2・5ゲームでしかない。これくらい競い合ったチーム同士のCSなら、まだわからなくもない。しかし、14・5ゲームも開いたチームに、リーグを代表して日本シリーズに出る権利などあるのだろうか。こんなチームがもし日本一になっていたら、それこそ「日本一の安売り」である。

暴論かもしれないが、10ゲーム以上差がついたら、CS開催はなしでもいいと思う。現行制度のままでは、143試合を戦うペナントレースの価値はまるでない。日本シリーズと言いながら、真の日本一決定戦ではないのだから、名称を変えるべきだ。

CS開催は、興行的メリットが大きい。入場料や放映権などを合わせると、売り上げは数億円にもなるらしい。さらに、リーグ優勝決定後の消化試合を減らす目的もある。

しかし、2017年のCSは現行制度への問題提起にもなったはずだ。野球ファンの間からも「広島にとってあまりに理不尽《りふじん》なルール」「リーグ戦っていったいなんだったの」といった声が多く上がったらしい。当然である。

興行収益という理由からCSを止められないなら、私は制度を改革すべきだと考える。私と同じくCS反対論者の落合博満が提案するのは、「たすきがけ」の対戦方式だ。セ・リーグの1位とパ・リーグの2位、パ・リーグの1位とセ・リーグの2位が、日本シリーズと同様に4勝先勝制で対戦するというものだ。

落合によれば、2リーグ制以後、2位が勝率5割未満だったことは1回もないのに対し、3位が5割未満だったことはセ・リーグで11回、パ・リーグで7回あるという。つまり、この方式なら勝率5割に達しないチームが、日本シリーズに進む可能性はきわめて低いというわけだ。落合らしい理屈である。なかなかおもしろい。

しかし、問題点もある。この方式だと、セ・リーグ同士、パ・リーグ同士が日本シリーズで対戦する可能性があるのだ。これでも日本シリーズと言えるのか。

私が考えるのは、CSの制度改革というより、球界改革を視野に入れたCS案である。具体的に言えば、球団数を増やすのである。たとえば、セ・パ両リーグをそれぞれ8球団にして、これを4球団ずつ東西に分けてリーグ戦を行なう。そして、東西の優勝チームが4勝先勝制のプレーオフでリーグ優勝を争い、その勝者が日本シリーズに進出する。

これなら10ゲーム以上離された下位チームや、勝率5割に満たないチームがプレーオフや日本シリーズに出場することもない。

2004年のプロ野球再編問題では、球団数を減らし1リーグ制に移行することが論議されたが、私は「縮小」に未来はないと考える。むしろ「拡大」でプロ野球の発展を考えるべきである。北海道に移転した日本ハムや宮城県に誕生した楽天の成功を見れば明らかなように、すでにプロ野球チームの都市集中の時代は終わった。もっと地域密着の球団を増やすべきだろう。

四国、北陸、沖縄など候補地はまだあるはずだ。そして、九州にもう1球団あってもおかしくない。セ・パ各8球団による16球団制。私は、実現の可能性は十分あると思う。

第3章

# 日本シリーズ

## 日本シリーズは短いのか、長いのか

日本シリーズは4勝先勝制であり、どちらかのチームが4勝した時点で終わる。最長で7試合、最短で4試合しかない。ただ、1986年の西武と広島のように引き分け1試合を含み、第8戦までもつれたケースもある（16ページ）。ちなみに、日本野球機構のホームページでは「さらに第9戦が必要な場合には、1日移動日を設け」たうえで行なうとされている。とはいえ、日本シリーズ68年の歴史のなかで、8試合以上実施されたのはこのケースしかなく、基本は4～7試合と考えてよい。

日本シリーズは長いのか、短いのか——。しばしば聞かれることだが、「長くもあり、短くもある。短くもあり、長くもある」というのが、経験した私の偽《いつわ》らざる実感だ。

現役時代、私は「1日に3試合を戦う」ことを自分に課していた。1試合目は、試合前のロッカーで始まる。頭のなかで自軍の先発ピッチャーと相手チームの一番から九番までを思い描き、その攻め方を確認する。それも初回から9回まで全イニングを想像し、シミュレーションを行なうのだ。

2試合目は、もちろん実際の試合である。1試合目に立てた戦略を基本に状況を冷静に分析し、相手バッターや相手ベンチの様子を観察しながら、1球1球攻め方を考える。

最後は、試合が終わってからの反省だ。試合後のロッカーで、そして帰宅後の自室で3試合目が行なわれる。

「なぜ、あのバッターに対し、ストレートを2球続けなければならなかったのか」

「勝負球のシュートを打たれてしまったが、配球にまちがいはなかったか」

そんなことを繰り返すのだから、正直なところ、24時間のうち目が覚《さ》めている間は、ほとんど野球のことを考えていると言っていい。これがペナントレースの期間中、ずっと続く。日本シリーズもまた同じである。

しかし、この「準備」し、「考え」、さらに「反省する」時間の濃度が高いのが、日本シリーズだ。

私がマスクを被《かぶ》っていた頃は、今と違ってセ・パ交流戦などないので、他リーグのデータを集め、頭に入れるのに時間がかかる。さらに、試合をしながら最新のデータをどんどんインプットして、頭のなかを更新していかなければならない。

だから、日本シリーズは疲れる。おそらく監督以上に疲れ、時間を長く感じるのがキャッチャーだろう。だが、たいして考えることもなく、あっというまに終わってしまったシーズンもある。それが、1959年の巨人との日本シリーズだった。

## 初戦から4連投4連勝

私は兼任監督として出場した1973年を除けば、キャッチャーとして5回日本シリーズに出ている。その最初が1959年であり、プロ野球史的に言えば、長嶋茂雄が天覧ホームランを放ったことで知られるシーズンだ。

この年、わが南海は88勝42敗、勝率・677という群を抜く成績で、パ・リーグを制覇した。その原動力となったのが、前年入団してきた杉浦忠である。38勝4敗、防御率1・40。38勝という数字も驚異だが、もっとも評価されるべきは4敗しかしていないことだろう。南海の46ある貯金のうち、34は杉浦によるものなのだ。こんなピッチャーがいたら、優勝してあたりまえ。文句なしのシーズンMVPだった。

全盛期の杉浦は、リードしていてもまったく打たれる気がしなかった。球種はストレートとカーブだけ。しかし、どちらも威力十分だった。

アンダースローのフォームから投げられるストレートは、バッターの手元でホップするような球筋で、なかなか前に飛ばない。並《なみ》のバッターならファウルがやっとだ。カーブはボールゾーンから鋭角に曲がってホームベース上を通過する。左バッターがストライクだと思って振ったボールが、体に当たることもあった。それだけブレーキの利《き》いた、大きな曲《ま》がり方をしていたのである。

だから、バッターを打ち取るのは容易だ。ストレートでカウントを稼《かせ》ぎ、カーブを投げれば三振か、凡打である。高校生レベルの配球で、プロのバッターを打ち取れるのだから、こんな楽なことはない。逆に言えば、キャッチャーとしてはリードのしがいがない。贅沢《ぜいたく》かもしれないが、私はつまらなかった。

日本シリーズも、杉浦のために用意されたような舞台だった。

シーズンの疲労もあったのか、初戦こそ先発で8回3失点。それでも南海打線が爆発し、10対7の快勝。続く第2戦はリリーフで5回を投げ、移動日をはさんだ第3戦は延長10回を完投勝ち。雨で1日順延された第4戦は、3対0の見事な完封勝ちだった。4試合全37イニングのうち、杉浦ひとりで32イニングを投げて4連勝。こんな勝ち方をしたピッチャーは後《あと》にも先にも杉浦だけである。

実は、巨人とは因縁の戦いでもあった。2リーグ制に移行する前年の1949年には、南海のエース別所昭《べっしょあきら》（巨人入団後に毅彦《たけひこ》に改名）さんが引き抜かれる事件があった。1958年には、杉浦とともに立教大学から南海に入団するはずだった長嶋を、契約寸前で巨人に持っていかれた。契約金の金額で、巨人に敗れたのは明らかだった。

しかも、2リーグ制以後、鶴岡監督率いる南海は、巨人と4回（1951〜1953年、1955年）戦い、1回も勝っていなかった。その無念を、杉浦は超人的な活躍で晴らしたのである。鶴岡さんが涙をこぼさんばかりに喜んだのは言うまでもない。

ただ、私は日本シリーズ初出場であっさり優勝してしまったため、たいした感慨はなかった。大喜びする先輩たちを横目に見ながら、杉浦につぶやいた。

「そんなに嬉しいのかなあ。あまり、実感がないんだけど」

このときは、杉浦も私もこれから先、何度でも日本一になれるものと思っていた。しかし、南海が日本シリーズで巨人に勝ったのはこれが最後。杉浦も入団以来の酷使がたたり、成績は徐々に下降していった。翌1960年こそ31勝を挙げたが、20勝以上は196

4年が最後となった。

なお、優勝後の祝勝会でビールかけをするようになったのは、この年の南海が始まりだと言われている。内野手の日系アメリカ人・カールトン半田《はんだ》（日本名・半田春夫《はるお》）が、「アメリカではこうして優勝を祝うんだ」と手元にあったビールを周りの選手にかけたのだ。


**衝撃だった、1964年のワールドシリーズ**

第7戦までもつれながら、意外に短く感じたのが、1964年の阪神との日本シリーズである。この年は、10月10日に開催される東京オリンピックに合わせて、すべてが前倒しで行なわれた。セ・リーグが3月20日、パ・リーグが3月14日に開幕し、10月1日から日本シリーズがスタートしたのである。

南海は26勝7敗のジョー・スタンカ、阪神は29勝9敗のジーン・バッキーがエースだったことから、「外国人対決」とも言われたシリーズだった。南海は、そのスタンカの3勝3完封という際立《きわだ》った活躍で日本一となったが、なんとも盛り上がりに欠けるシリーズだった。日本中の関心が東京オリンピックに集中したためだろうか。あの甲子園《こうしえん》球場のスタンドにも、空席が目立った。第7戦の1万5172人という観客数は、今も日本シリーズ最終戦としてはもっとも少ないそうである。

私は日本シリーズが終わると、早々《そうそう》にアメリカへ飛び立った。ワールドシリーズを見るのが目的である。私にとっては、自国で開催されるオリンピックよりワールドシリーズの観戦のほうが、はるかに優先順位は高かった。

このときのカードは、常勝軍団ヤンキース対古豪カージナルス。私が今も鮮明に憶えているのは、両チームが3勝3敗で迎えた第7戦である。何回だったかは忘れたが、カージナルスは同点の無死一、二塁の場面で、四番のケン・ボイヤーに送りバントをさせた。そして続く五番の犠牲フライで決勝点を奪うと、ワールドチャンピオンになった。

私はそれまで、日米親善野球でメジャーのオールスター軍団と対戦したことが何度かあり、パワーとスピードにまかせて相手を倒すという印象を持っていた。しかし、この日の試合は、そんな私の先入観や固定観念を砕《くだ》くのに十分な衝撃があった。メジャーのチームも、大舞台の大事な場面では四番バッターにバントをさせる。つまり、確率の高い戦法を選択するのだ。

私は、なりふりかまわず勝ちにいったカージナルスの姿勢にカルチャーショックを覚えるとともに、共感もした。試合に勝つためには、あらゆる手段のなかから最善のものを選択すべきなのである。わざわざアメリカまで行ってよかったと思った。当時は、今のようにメジャーの試合が中継されることはなかったからだ。

そして、このとき肌で感じたことは、のちに私が監督となり、短期戦を戦ううえで大いにプラスとなった。それは、1973年のプレーオフにも、ヤクルト監督時代に出場した4回の日本シリーズにも生きている。

どんなに強力な戦力を誇るチームであっても、なりふりかまわず勝ちにいく。それが短期戦にふさわしい戦い方なのだ。

## 流れを変えた誤審

私が長かったと感じた日本シリーズが、巨人と戦った1961年の6試合だった。川上哲治さんが監督1年目のときだ。

長嶋はこの年、首位打者とホームラン王の二冠に輝いたスーパースターだったが、王はまだプロに入って3年目、ホームラン13本、53打点の平凡な選手でしかなかった。打撃20傑に入っていたのは、長嶋だけである。

ピッチャーの勝ち頭《がしら》は中村稔《なかむらみのる》で、17勝10敗。セ・リーグに20勝投手が5人もいたシーズンだったことを思えば、ちょっと寂しい。中日の新人権藤博《ごんどうひろし》は35勝19敗という驚異的な成績を残している。その中日をわずか1ゲーム差で退けての優勝だったから、川上さんの強運を思わざるを得ない。

実は、巨人は水原茂監督のもと、1955年からセ・リーグ5連覇をはたしていたが、そのうち4回は日本シリーズで敗退している。1956年からは3年連続で西鉄に敗れ、1959年は前述のように杉浦に手も足も出ないまま4連敗を喫《きっ》していた。

しかし、巨人の悪い流れは、この年の日本シリーズを境《さかい》に大きく変わる。その転機となったのが、巨人の2勝1敗で迎えた第4戦である。

8回を終わって巨人が2対1とリードしていたが、9回表二死から広瀬叔功の2ランホームランが飛び出し、南海が3対2と逆転した。その裏、巨人が同点のランナーを出すと、鶴岡監督は、第1戦を完封勝ちしているスタンカをリリーフに送る。スタンカは簡単にアウトを二つ取り、続く藤尾《ふじお》茂《しげる》も一塁への凡フライ。これで勝ったと思った瞬間、一塁手の寺田《てらだ》陽介《ようすけ》がまさかの落球。さらに次の三番・長嶋の三塁ゴロも小池《こいけ》兼司《けんじ》がジャッグルし、二死満塁のピンチとなった。

それでも、スタンカは冷静に四番の宮本《みやもと》敏雄《としお》さんを１－２と追い込み、４球目に投じたストレートがほぼ真ん中に決まった。狙い球と違ったのか、宮本さんはあっさりこれを見送ったので、私はゲームセットを確信して立ち上がった。スタンカも、すでに両手を上げて喜びを表現している。

ところが、球審の円城寺《えんじょうじ》満《みつる》さんは「ボール」の判定。

「どこがボールや。ど真ん中やないか。ちゃんと見ろ！」

私は思わず、声を荒《あら》らげていた。現役時代、私が審判に抗議したのはこのときだけである。審判に抗議しても得することは何もない。審判を敵に回すくらいなら、少々のミスジャッジには目をつぶり、貸しをつくるくらいでいい。そう考えていた。しかし、大事な日本シリーズで、この判定はない。ひどすぎる。

スタンカはマウンドで顔を真っ赤にして吠《ほ》えているし、鶴岡監督もすぐにベンチを飛び出し、猛抗議した。だが、判定が覆《くつがえ》るはずはない。

落胆したスタンカの次のボールは、力のない外角のストレートだった。宮本さんの打球はライト線に落ち、2者が生還。このとき、キャッチャーである私のバックアップに走ったスタンカは、円城寺さんに体当たりした。そして、怒りの収まらない南海の監督、コーチ、選手は円城寺さんに再《ふたた》び抗議をしたが、巨人のサヨナラ勝ちは変わらない。円城寺さんは関係者に守られながら、球場をあとにした。

この試合がシリーズの分水嶺だった。巨人は王手をかけ、最終的には4勝2敗で日本一となっている。

さらにプロ野球史という大きな視点で見れば、川上巨人は2年後にも宿敵・西鉄を倒して日本一に輝き、さらに4年後の1965年からはメジャーにも例のない9年連続日本一を達成している。強すぎる巨人、つまりはパ・リーグにとっての憎《にく》き巨人の時代がこの日を境に始まったのである。

私自身、あのときスタンカが投げたボールは今でもストライクだったと思っている。ボールの軌道も、ミットで捕球した感覚もはっきり記憶に残っている。自分のなかでは、永遠に終わることのないシリーズなのだ。

「円城寺　あれがボールか　秋の空」

私が詠《よ》んだのではない。詠み人知らずの川柳だ。こんな川柳が残っているところに、この試合の不可解さがあると言えるだろう。

## 審判や関係者を味方につけた三原脩

1961年の日本シリーズ終了後、私はある人から聞いた言葉を思い出した。

「巨人と戦うときは、敵は10人だと思え」

もちろん、10人目の敵とは審判のことである。

「大事な試合の大事な場面では、必ず審判は巨人に味方する。それは覚悟しておいたほうがいい」

とも言われた。事実、円城寺さんはセ・リーグの審判だった。セ・リーグ5球団もまた、巨人贔屓《びいき》のジャッジに泣かされてきたのである。では、なぜ審判は巨人に有利な判定をするのか。

巨人が球界の盟主であり、巨人の人気でプロ野球が回っているからか。それが潜在意識として審判の頭のなかにあるからか。そんな漠然とした理由では納得できない私は、ある審判にしつこく問い質《ただ》し、匿名《とくめい》を条件に聞き出した答えがある。

「あまり深く考えたことはないけど、われわれも身内や友人にプロ野球選手のサインを頼まれることがあるんだよ。頼まれるのは、ほとんどが巨人の人気選手。頼めば、選手はみんな快《こころよ》くサインを書いてくれる。でも、われわれ審判の側には、頼み事《ごと》をした負い目がある。それが理由で、なんとなく巨人贔屓の判定をしてしまうことはあるのかもしれない。特に、巨人に勝たせようと思っているわけではないんだ」

案外、このあたりが巨人に有利な判定が多かった理由かもしれない。今と違って、当時、テレビで全国中継するのは巨人戦のみ、12球団で巨人の人気だけが突出していた。ファンが巨人選手のサインを欲しがるのは無理もないし、それを頼まれた審判が巨人贔屓の判定に傾くことは大いに考えられる。しょせん、審判もまた人間なのである。

実は、審判を10人目の味方にしていたのは、巨人だけではない。三原脩さんが監督をしていた時代の西鉄がそうだった。

三原さんは、審判や日本野球機構の関係者が福岡に来ると、決まって料亭を予約して接待していたという。三原さん本人が同席することはなかったらしいが、こうした接待が大事な試合で物を言う。

有名な3連敗から4連勝して3年連続巨人を倒した1958年の日本シリーズが、典型的なケースである。このとき、西鉄はエースの稲尾和久がシリーズ前に体調を崩したこともあり、後楽園《こうらくえん》球場での第1戦を2対9で落とした。続く第2戦も3対7で完敗。舞台を西鉄の本拠地・平和台《へいわだい》球場に移した第3戦こそ、藤田元司《ふじたもとし》さんと稲尾の投手戦となったが、0対1で惜敗。早くも、巨人に王手をかけられたのだ。

その夜、雨が降る。雨は翌日も降り続き、午前8時には試合中止が決定された。ところが、その知らせが巨人に届いたときには雨はすっかりあがり、快晴である。怒ったのは巨人だ。監督の水原さんは、三原さんに直接電話を入れ、抗議した。

「これだったら、試合ができるじゃないか。中止の決定が早すぎる」

もっともな言い分である。水原さんでなくても「雨天中止は稲尾に休息を与えるため」と考えるのが自然だ。しかし、三原さんは抗議を受け流した。巨人に余裕がないことを知り、「これなら勝てる」とほくそ笑んだという。

シーズン中であれば、試合中止の決定権は主催球団にある。しかし、日本シリーズは日本野球機構が行なう。おそらく、三原さんの意向が機構を動かしたのだろう。要するに、日頃の接待攻勢がここで威力を発揮したわけである。いずれにしても連投の稲尾には恵みの雨となった。

しかも、三原さんはもうひとつ心理戦をしかけている。それが、巨人に2勝して再び後楽園球場に舞台を移した第6戦だった。日本シリーズは当時、前日に発表したスターティングメンバーを変更しないのが不文律《ふぶんりつ》だった。しかし三原さんは、当日になって負傷を理由にメンバーを変更。これに水原さんが激しく抗議するなど、両軍の話し合いが長引き、試合開始が1時間近く遅れたのである。

リズムを崩したのは巨人だった。初回に広岡達朗《ひろおかたつろう》さんのエラーがらみで2点を失うと、そのまま稲尾に2対0の完封を許したのである。こうなると、流れは完全に西鉄に傾く。最終戦も稲尾が9回を投げ抜き、6対1と圧勝。西鉄は3連敗からの4連勝という奇跡の大逆転で、日本一を勝ち取ったのである。

私はあらためて短期戦の怖さを思う。このシリーズの雨といい、先の巨人対南海戦の誤審といい、予期せぬ出来事が勝負の流れを変える。しかも、そこに人間の心理が大きく働いていることを見逃してはならないだろう。

## もっとも多い勝敗パターン

日本シリーズは先に4勝したチームが制する戦いだ。１回も負けず、４連勝で終わることもあれば、第7戦までもつれることもある。

では、日本シリーズの勝敗パターンで一番多いのは、何勝何敗か。

２リーグ制がスタートした１９５０年から２０１７年までに実施された68回の日本シリーズの勝敗パターンを見ると、「4勝０敗」「4勝０敗1分け」「4勝０敗2分け」「4勝1敗」「4勝2敗」「4勝2敗1分け」「4勝3敗」「4勝3敗1分け」の八つのパターンがある。最後のパターンは、章の冒頭でも触れた、１９８６年に西武と広島が第８戦までもつれた例外的ケースである。

残る七つのパターンでもっとも多い勝敗パターンは「4勝3敗」「4勝2敗」で、それぞれ20回ある。続いて「4勝1敗」は17回。さらに、引き分けなしで4連勝で決着したことは1959年の南海（79～80ページ）、1960年の大洋（159～161ページ）、1990年の西武、2002年の巨人、2005年のロッテ（53～54ページ）の5回。確率的には、全体の7％ほどでしかない。

数学の理論上も「4勝3敗」「4勝2敗」が多くなるらしいが、第7戦までもつれるケース、すなわち「4勝2敗1分け」「4勝3敗」が予想以上に多い。全体の3割近くにもなる。

リーグ優勝をはたしたチーム同士の対決だから、戦力も充実しているし、勢いもある。それぞれリーグ代表チームだという誇りや意地もあるだろう。その両者がぶつかって第7戦までいくわけだから、野球ファンにとっても、理想の展開と言っていい。

「4勝3敗」のなかで一番少ないのが、3連敗から4連勝（相手チームから見れば3連勝からの4連敗）のケースである。わずかに2回しかない。第1戦の引き分け後に3連敗4連勝した1986年の西武を含めても3回だ。

そのうちのひとつが、先に取り上げた稲尾のスーパーマン的な活躍で巨人を倒した19

58年の西鉄。もうひとつが1989年の巨人である。

## 弱者が用いる三つの策略

戦いには、騙《だま》し合いという側面がある。野球も同様で、グラウンドの外で駆け引きや策略をめぐらすことは少なくない。特に、弱いチームばかり率いてきた私は、あらゆる策略を用いてきた。その策略は三つある。

「敬遠の策」
「増長《ぞうちょう》の策」
「挑発の策」

である。

「敬遠の策」とは相手の実力を認め、あえて闘志をかきたてないようにすることだ。要するに「寝た子は起こすな」である。

これと真逆を行なって大失敗したのが、1989年の日本シリーズにおける近鉄だった。近鉄は巨人に3連勝し、試合後のインタビューで、勝利投手の加藤哲郎《かとうてつろう》が「巨人はロッテより弱い」と口を滑《すべ》らしたのだ。

ロッテはこの年の最下位。そのチームより弱いと言われたら、セ・リーグの覇者であり、球界の盟主を自任する巨人ナインの闘志に火がつかないはずがない。ただし、実際には、加藤は「ロッテより弱い」とは言っていないらしい。「シーズンのほうがよっぽどしんどかった」と語ったコメントが、メディアによって歪曲《わいきょく》されて伝わったというのが真相らしい。

しかし、これでもいただけない。言われた側はカチンとくる。結局、この発言を機に崖《がけ》っぷちだった巨人は奮い立ち、第4戦から4連勝。短期戦の怖さを物語るシリーズとなった。

なお、この発言以後、勝利チームの選手が相手チームの選手の神経を逆《さか》なでするような発言はいっさいなくなった。これはこれでつまらないのだが。

二つ目の「増長の策」とは、簡単に言えば「ほめ殺し」だ。とにかく、敵をほめて、ほめて、ほめまくる。人間は誰もほめられて悪い気はしない。しかし、そこで増長し、いい気になると、隙《すき》が生まれる。

私がこれをやったのはヤクルトの監督時代、１９９２年の西武との日本シリーズ前だった。相手は黄金時代の西武。監督の森祇晶は現役時代を含め、それまで日本シリーズで負けたことがない。監督としても、前年まで6年間で5回の日本一になっていた。いっぽう、ヤクルトはシーズンをぎりぎりで勝ち抜け、日本シリーズ経験者もほとんどいない若いチームだった。

攻撃、守備、走塁、どの要素を取っても、西武を上回る材料はない。スコアラーを通じて西武のデータを集めるほど、チーム力の差を痛感したものだ。こうなったら、ほめまくって、西武によそいきの野球をさせるくらいしかない。

「王者相手にがっぷり四つに組んで戦ったら、どう見ても勝ち目がない。なんとかひとつ、二つは勝ちたいが、その糸口が見えてこない」

「うちのピッチャーで西武打線に通用するのは誰か。かろうじて2人は数えられるが、そのあとがいない。頭が痛いよ」

こんなことを言って西武を持ち上げたが、百戦錬磨《ひゃくせんれんま》の森相手に、どれだけの効果があったかわからない。おそらく「ノムさんが何を言っても乗らないよ」と、心のなかで笑っていたことだろう。しかし、私としては自軍のプラスになることなら、なんでもする覚悟だった。結果だけを見れば3勝4敗だが、「あと1勝」の差は大きかった。

三つ目の「挑発の策」は、ペナントレースでもよく使った。わかりやすい例が、ヤクルト監督時代に巨人の長嶋采配を揶揄《やゆ》したケースだ。

「相手は巨大戦力。しかし今日は長嶋の采配ミスで救われた」

「長嶋のカンピューターに負けるようでは、ＩＤ野球の看板を下ろさないといけない」

私が盛《さか》んに新聞やテレビで挑発したことで、長嶋はヤクルト戦に対してかなり意識過剰になったはずである。以前なら球場で会えば挨拶《あいさつ》くらいしたのだが、この頃から挨拶どころか、声をかけても口をきかなくなった。私は内心、「よし、こっちのペースになりつつある。もっと挑発してやれ」と思ったものだ。意識すればするほど、采配に綻《ほころ》びが生じる可能性も生まれるからだ。

こうした挑発の策にどれだけ効果があったかは定《さだ》かでない。しかし、長嶋巨人とは6シーズン戦って77勝81敗の互角の勝負ができたのは事実である。

## 敵の主力を徹底的にマークする

「挑発の策」は、短期戦でも有効である。もっとも効果を上げたのが1995年、ヤクルト対オリックスの日本シリーズだった。

短期戦では、相手の主力選手に仕事をさせないことが重要である。主力選手とは投手陣ならエース、攻撃陣なら四番バッターである。エースが勝ち、四番が打てば、それだけでチームが勢いづく。だから、徹底的にマークする。集めたデータから弱点を見つけ、そこをチーム一丸《いちがん》となって攻めるのだ。

このときのオリックスのキーマンは四番バッターではなかった。一番を打つイチローである。この年、イチローは打率・342、25本塁打、80打点の成績を残し、首位打者と打点王の二冠に輝いている。前年には史上初となるシーズン200安打を突破し（最終的には210安打）、・385の高打率を残していた。

イチローを抑えない限り、シリーズ制覇はないと考えた私は、スコアラーにイチローのデータを収集させ、弱点を洗い出すよう指示した。しかし、なんと弱点が見つからない。

「残念ながら、攻略法はありません。打たれることを覚悟してください」

これでは話にならない。しかし、何度データを分析させても弱点が見つからないのだからしょうがない。そこで私は、心理戦をしかけることにした。テレビや新聞などの取材でイチローの攻略法について聞かれるたびにこう言った。

「イチローの唯一の弱点はインコースの高め。だから、うちのピッチャーには徹底してそこを攻めさせるつもりだ」

キャッチャーの古田敦也《ふるたあつや》には、「あくまで芝居だから、マスコミに対して言った俺の言葉を信用するな」と釘《くぎ》を刺した。狙いはイチローにインコースを意識させ、すこしでも右肩が早く開くようにさせることにあった。

バッターというのはインコースのボールをバットの根元に当てて、打球が詰まるのを嫌がる。これは、もう本能的なものと言ってもいい。詰まりたくないから、自然と肩は開く。そうすると、アウトコースに逃げていくボールに対応するのが難しくなる。イチローほどのバッターでもインコースを意識すれば、アウトコース低めのボールは手打ちになる可能性が出てくる。だから、実際にはアウトコース中心に攻めるわけだ。

ところが、第1戦に先発したテリー・ブロスは緊張したせいか、初球のストレートがインコースの高めに入った。しかし運よくストライク。これで、ますますイチローは「インコースを攻めてくる」と思ったに違いない。術中《じゅっちゅう》にハマったのである。

こうして第1戦・第2戦はイチローをアウトコース中心の配球で打ち取り、7打数1安打に抑えることができた。ただし、さすがイチローである。まもなく、こちらの挑発に気づき、第3戦でタイムリーヒットを放つと、第5戦ではブロスからホームランを打った。

しかし、時すでに遅し。シリーズを通してみれば19打数5安打、2打点。明らかにシーズン中のイチローのバッティングではなかった。結果、ヤクルトはオリックスを4勝1敗で下し、日本一となったのである。

## 初戦の先発投手を読む

オリックスとの日本シリーズは結果だけを見れば、ヤクルトの横綱相撲のようにも映《うつ》るかもしれないが、5試合のうち1点差の試合が2試合あった。さらに第2戦・第3戦・第4戦と3試合連続で、延長戦にもつれこんだ。つまり、実力は拮抗《きっこう》していたのである。

私は、鍵を握るのは初戦だと考えていた。問題は先発ピッチャーである。普通に考えれば、この年、二ケタ勝利を挙げていた長谷川滋利《はせがわしげとし》(12勝7敗)、星野伸之《ほしののぶゆき》(11勝8敗)、野田浩司《のだこうじ》(10勝7敗)のいずれかだろう。

私が一番警戒していたのは野田である。阪神に在籍した頃から、野田には散々やられていた。ヤクルト打線は、野田の「お化け」とも呼ばれた落差の大きなフォークボールに手を焼き、好調時の野田を攻略したことがなかった。2年前にオリックスに移籍したときは、正直言ってホッとしたものである。当然、オリックスはそれを知っていたはずだ。

オリックスの監督は仰木彬《おおぎあきら》。仰木は師匠の三原さん同様、奇策を好む傾向がある。常識的に野田で来るのか、それとも誰も予測していないピッチャーをぶつけてくるのか。

短期戦は先発ピッチャーが誰かわかれば、それだけでも有利だ。対策を立てられる。近年は、監督同士の合意により日本シリーズで予告先発が採用されることがあるが、当時はいっさいなかった。

案の定、仰木は第1戦に全スポーツ紙が予想していなかったピッチャーをもってきた。佐藤義則《さとうよしのり》だ。この年、ノーヒットノーランを記録しているが、成績は4勝2敗。しかも41歳の大ベテランである。仰木は、私の裏をかいたつもりだったに違いない。

しかし、ヤクルトはこの奇策を読んでいた。というのも、日本シリーズ開幕の4日前に佐藤が名古屋市内の整体に行ったという情報をつかんだのである。その準備の仕方から、先発が佐藤なのは明らかだった。

当然、万全の準備をした。たとえば、佐藤のリズムを狂わせることだ。テンポのいいピッチングが持ち味の佐藤に対し、バッターにはいつもより多めに打席を外すように指示した。佐藤のペースで投げさせないためである。その結果、佐藤を5回途中でマウンドから引きずり下ろし、5対2で勝利した。

私がもっとも警戒していた野田は、第2戦に先発してきた。予想通り、ヤクルト打線は野田を攻略できないまま、7回を終わって0対2。8回に継投の隙《すき》をついて、なんとか同点に追いつくと、延長11回にトーマス・オマリーが決勝ホームラン。8回からロングリリーフに立った山部《やまべ》太《ふとし》はこの年、先発で16勝を挙げた左のエースである。あえてエースを投入したのは、苦手の野田が投げた試合に勝てば、シリーズを一気に決められると判断したからだ。

ちなみに、日本シリーズで第1戦・第2戦を連勝したケースはこれまで34回あり、連勝したチームが26回優勝している。逆に、連敗したチームが逆転で日本一になったケースは8回。このシリーズも、その確率通りの結果になった。

## 第1戦重視か、第2戦重視か

日本シリーズを戦ううえで、しばしば議論されるのは第1戦を重視するか、それとも第2戦を重視するかである。

9連覇の偉業を達成した川上さんは、「第2戦重視」で知られる。川上さんのもとで野球を学んだ森も同じだった。これは、初戦は勝負を度外視していいから、相手の戦力と手の内を確認するという考え方である。確認の作業のなかには、事前に収集したデータと実際に戦って得たデータを照合し、データを修正する作業も含まれる。

この場合、先発には荒れ球のピッチャーよりコントロールに優《すぐ》れた、しかも球種が豊富なピッチャーのほうが望ましい。相手バッターの得意なコースや球種、苦手なコースや球種がよくわかるからだ。

こうした作業さえできれば第1戦は落としてもいい、第2戦から本気で勝ちにいくというのが、「第2戦重視」の考え方である。

さらに「第2戦重視」には、心理的な根拠もある。同じ1勝1敗でも、第1戦に勝つのと第2戦に勝つのとでは気分が違う。日本シリーズでは第2戦と第3戦の間に移動日があり、勝って次の球場に移動したほうが、選手の気持ちも乗るからだ。

また、第1戦は誰もが緊張し、硬くなりやすい。監督が「重要なのは第2戦だから」と方針を示せば、選手もリラックスするというわけだ。

それぞれ一理《いちり》あるとは思う。しかし、「第2戦重視」はV9時代の巨人や黄金時代の西武のように圧倒的な戦力を誇り、がっぷり四つに組んだら絶対に負けない強者だから取れる戦略である。私が指揮をした南海やヤクルトには、不可能だった。第1戦を落とす余裕などない。だから、とにかく「第1戦必勝主義」を貫いた。

劣勢が予想されるチームの選手は、第1戦を落とせば、意気消沈する。「やっぱり、俺たちには無理か」と自信を失い、そのままズルズルいきかねない。逆に、第1戦をものにできれば自信が生まれ、士気は高まる。「俺たちでもやれる」と思うわけだ。この差は小さくない。

実は、私はこれまで日本シリーズには5回出場し、第1戦はすべてものにしている。そのうち日本一になったのは3回だが、第1戦の勝利が日本一にもつながったと思っている。

では、「第2戦重視」の川上さんの場合はどうだったのか。川上さんは日本シリーズには11回出場してすべて勝っているわけだが、第1戦は7勝4敗、第2戦は8勝3敗と、どちらも強い。V9時代に限れば、第1戦が7勝2敗、第2戦が6勝3敗である。「第2戦重視」と言いながら、本当は頭から敵を叩きにいっているのがわかる。

それより驚くべきは、第3戦の数字だ。10勝1敗の勝率・909。おそらく、川上さんの本心は第3戦を取ることにあったのではないか。「第2戦重視」の戦略は第1戦か、第2戦のどちらかに勝てばいい、要するに連敗さえしなければいいという考えにもとづくものだったと考えられる。1勝1敗で第3戦を取れば、2勝1敗。もし第1戦・第2戦に連勝して第3戦にも勝てば、一気に王手となる。

このように、日本シリーズにおける川上巨人の圧倒的な強さを、数字が証明しているのである。

## 命取りとなった、データの誤り

圧倒的に強かった川上巨人。そこに戦いを挑み、その壁に跳《は》ね返された指揮官は何人もいた。私もまた、そのひとりである。

1973年、プレーオフで阪急を破った南海は、セ・リーグを9年連続で制した巨人と日本シリーズを戦った。プレーオフを3勝2敗で勝った勢いもあり、第1戦を江本孟紀の完投勝利でものにした。この時点で、私は巨人の連覇を阻止する気満々だった。

ようやく、強かった巨人の戦力に陰《かげ》りが見え始めた時期でもあった。特に、37歳になった長嶋の衰《おとろ》えは明らかで、シーズンの打率は2割7分を切り、ホームランも20本にやっと手が届くという成績だった。日本シリーズもケガにより欠場。「シリーズ男」の長嶋がいないのだから、まさに千載一遇《せんざいいちぐう》のチャンスである。

鍵となったのは第2戦だった。大阪は朝から雨。私はてっきり中止になるものと、自分の運を感じた。ピッチャーの頭数《あたまかず》が足りない南海にとって、恵みの雨だからである。

ところが、大阪球場のグラウンドでは二軍の選手が必死になって雑巾《ぞうきん》で水を吸い上げ、開催に備えている。私は球団にかけあったが、埒《らち》が明かない。「すでに応援のバスが何台も球場に向かっているし、ファンのことを考えたら、中止にはできない」と言う。入場料収入を失いたくないのである。

私の頭をよぎったのは、1958年の西鉄対巨人の日本シリーズである。あのときも、第4戦の雨天順延が流れを変えた。エース稲尾を休ませ、3連敗後の4連勝が成ったのである。西鉄は勝つために試合を中止したが、南海は目先《めさき》の利益欲しさに試合を無理矢理開催した。

私の嫌な予感は当たり、試合には負けた。しかも負け方が悪かった。南海は巨人からトレードで来た山内新一が、古巣を相手に気迫の投球。6回2失点と踏ん張った。南海も7回に同点に追いつき、そのまま延長戦に突入。そして11回表、一死二塁のチャンスからセンター前ヒットを打ったのが、7回からロングリリーフをしていた堀内恒夫だった。堀内はその裏をあっさり3人で抑えた。

移動日をはさんだ第3戦も堀内が先発し、9回を完投。巨人が8対2と大勝した。しかも堀内は2ホームラン、3打点の大活躍だった。

結局、南海はその後もいいところなく負けを重ね、1勝4敗で巨人の9連覇達成を目の前で見せつけられる悔しさを味わうことになった。MVPは、第5戦もリリーフで好投した堀内。2勝を挙げ、打っては7打数3安打、2本塁打、4打点の活躍なのだから、当然の受賞と言えるだろう。

シーズン中の堀内は不調だった。12勝17敗、防御率4・52と、プロ入り以来、最低の成績である。日本シリーズでの登板はないと予想する評論家もいたが、前年のシリーズでもMVPを獲得しており、大舞台にはめっぽう強い。しかもバッティングにも定評がある。ノーヒットノーランをやってのけた試合で3本塁打したこともある（1967年10月10日）ほどのバッティングセンスの持ち主である。だから、私は堀内だけには打たせたくなかった。打って調子に乗れば、ピッチングも手がつけられなくなるからだ。

スコアラーの報告によれば、堀内は「カーブ打ちがうまい」ということだった。これを信じて、私はシュートやストレートで勝負したのだが、完全に裏目に出た。堀内のバッティングがいいのは「バッテリーの配球を読むのがうまい」からだったのだ。

これがわかっていれば、私の攻め方も変わったはずである。堀内ひとりにやられたことを考えると、悔《く》やんでも悔やみきれない。同時に、データが正確であることの重要性をあらためて認識させられた。

話を「第1戦重視」に戻すと、私には「一」の哲学がある。『老子《ろうし》』にこんな言葉が出てくる。

## 「一《いつ》」の哲学

「天は一《いつ》を得て以《も》って清く、地は一を得て以って寧《やす》く」

その意味は「天は一の原理を得たから清浄であり、地は一の原理を得たので安定している」といったところだろうか。つまり、「一」は始まりであり、物事《ものごと》の本質であるということだ。これは、野球も同様である。

たとえば、バッティングだ。バッティングは1を膝《ひざ》として、2（腰）、3（肩）、4（腕）、5（手首）の順番で行なう。ダメなバッターに共通するのは、1と2を省略して3、4、5だけで打っていることだ。もっとひどくなると、いきなり4から打ってしまう。腕力まかせの手打ちである。これでは打てるわけがない。

正しい打ち方をするのは意外に簡単である。1の膝を意識するのだ。これさえできれば、2、3、4、5と、身体は自然に連動していく。

バッテリーが配球を考えるうえで頭を悩ますのも、第1球だ。バッターが反応を見せていないから、どのコース、どの球種を狙っているか、まったくわからない。逆に、バッターからすれば、初球はチャンスと言っていい。好投手であっても、意外に第1球に甘いボールを投げてくることが多い。それを見逃して、簡単にストライクを与えてしまうのはもったいない。データと自分の頭脳を使って、第1球から対応していくのが好打者である。

つまり、漫然とグラウンドに立ってプレーするのではなく、「第1打席の第1球」「第1ストライク」「守備における第1歩」「走塁における第1歩」……と1を意識すれば、野球への取り組みは自《おの》ずと変わってくる。

監督も同じだ。長いペナントレースの開幕第1戦を意識し、シーズン最初の1勝を大事にする。短期戦であれば、なおさらだ。第1戦を何がなんでも勝ちにいく姿勢から、弱者が強者を倒す可能性も生まれる。

「一」は勝負を左右し、「一」こそが難攻不落の敵を陥落する突破口になると、私は信じている。

## 短期戦で活躍するタイプ

日本シリーズのような短期戦で活躍するタイプの選手には、共通点があるような気がしてならない。しかし、その話をする前に、私なりの選手を分析・判断する方法を紹介したい。人間観察が趣味でもある私はいくつかの方法を持っているが、次に紹介するのはそのひとつで、選手の判断基準をまじめか不まじめか、優等生か劣等生かに置くものだ。

①まじめな優等生／才能があり、理論や技術の飲み込みが早い。しかも、監督の考えていることを実践できるプロフェッショナル。なかなかお目にかかれないし、監督としてはもっとも使いやすいタイプである。

②不まじめな優等生／才能があり、練習もする。しかし、監督・コーチの言うことに素直に従うばかりではなく、ときには反抗的な態度も見せる。意志が強く、自分の生き方を貫こうとする。

③まじめな劣等生／おそらく、プロ野球選手にもっとも多いタイプである。能力的にはプロの平均レベルにはあり、練習も熱心。このような選手をどう生かすかが、監督の

手腕でもある。配置転換、適材適所の起用によって、才能が開花することもある。

④不まじめな劣等生／際立った能力もなければ、人望もない。しかも、不平不満が多く、努力もしない。自分と似た仲間を集め、派閥をつくることもある。チームに悪影響をおよぼすだけの存在だから、切り捨てなければならない。

このなかで、短期戦において頼りになるのは、どのタイプか。

①の「まじめな優等生」は、長いペナントレースでは計算通りの働きをしてくれる。しかし、順境では力を発揮できても、逆境に立たされると意外にもろい面が顔を出す。短期戦、それも日本シリーズのような大舞台で頼りになるのは、②の「不まじめな優等生」である。

それは、長嶋を見れば明らかだろう。並外れた才能があり、人一倍の努力もしたから、あれだけの活躍ができたのはまちがいない。しかし、誰が見てもまじめという範疇《はんちゅう》には収まらない。自己顕示欲が強く、ときには派手なチョンボもする。見せしめの意味もあって、ミーティングで川上さんに一番叱られたのも長嶋だった。

シーズン中は不調でも、日本シリーズになると活躍した堀内も、明らかにこのタイプだ。新人時代から素行《そこう》の悪さと態度の大きさは有名で、ついたニックネームが「悪太郎《あくたろう》」。寮の門限破りの常習犯でもあったため、ウソかホントか知らないが、温厚な王に鉄拳制裁を食《く》らったと言われている。

私が直接かかわった選手で挙げれば、南海の兼任監督時代の江本と江夏だろう。

江本は何事《なにごと》も自分が納得しなければ、譲《ゆず》らないタイプだった。たとえば、いくら注意しても長髪を切らない。「野球とヘアスタイルは関係ない」と言う。これを説得するのには、苦労した。しかし、1973年のプレーオフ突破の立役者はまちがいなく江本である。

江夏については、私が言うまでもないだろう。唯我独尊《ゆいがどくそん》の典型的な〝お山の大将〟である。阪神で甘やかされてきたのか、グラウンドの内でも外でもわがままは変わらない。だが、男気《おとこぎ》にあふれ、自分が信じた人間には忠誠を尽くした。先発からリリーフに転向させたが、南海時代は優勝に縁がなかった。

しかし、広島に移籍し、チームを初優勝に導くと、日本シリーズでも活躍した。何度も述べている1979年の「江夏の21球」はもちろん、オールスター戦では9連続奪三振の大記録も達成している。文句なしに大舞台で力を発揮する「不まじめな優等生」だった。

　私のヤクルト監督時代に日本シリーズで活躍した古田敦也、広沢克己、池山隆寛《いけやまたかひろ》、飯田哲也《いいだてつや》あたりも、江本や江夏と比べればましだが、かなりのヤンチャ坊主ではあった。プライベートでは相当遊んでいたらしい。しかし、私はグラウンド以外のことは関知しない主義だから、私生活は好きにさせていた。

　古田などは一見《いっけん》、「まじめな優等生」に見える。しかし、実は向こうっ気の強い、目立ちたがり屋である。ミーティングでの打ち合わせとはまったく違うリードを、涼《すず》しい顔をして行なうタイプだ。その大胆不敵さは、短期戦向きだったかもしれない。

　落合の中日が唯一日本一となった２００７年の日本シリーズで活躍し、ＭＶＰに輝いたのが、スラッガー中村紀洋《なかむらのりひろ》である。近鉄、ドジャース、オリックスと渡り歩いてきた中村も、しばしば首脳陣やフロントといざこざを起こしてきた、有名な問題児だ。しかし、持ち前の反骨心や反発心は、日本シリーズのような大舞台ではプラスに作用した。「不まじめな優等生」の典型と言っていいだろう。

　ただし、チーム全員が「不まじめな優等生」では困る。統率が取れないからだ。また、

①から③までのタイプが揃っているから、組織としての柔軟性も生まれる。監督としてはそれぞれのタイプが短期戦で力を発揮できるように采配を振る必要がある。特に「不まじめな優等生」のモチベーションを高めることこそ、監督の手腕である。

ところで、私はどのタイプか。

もちろん、③の「まじめな劣等生」である。そして、私はそんな凡庸《ぼんよう》な自分自身を冷静に見つめ、どうすればプロ野球で生き残り、一流選手となれるかを四六時中考えた。それがピッチャーのクセを盗むことであり、バッテリーの配球を読んで狙い球を絞ることだった。要するに、監督となったときに完成したＩＤ野球の基礎を、現役時代に実践していたわけだ。

しかし、第1章で述べたように、日本シリーズでは満足な成績を残せなかった。やはり有事には「不まじめな優等生」が強いのである。

## 救援投手の重要性

野球というスポーツは、ピッチャーがボールを投げなければ始まらない。つまり、ピッチャーがゲームを支配する競技なのだ。ピッチャーが無失点に抑えている限り、負けることはないし、逆に味方打線が10点取っても、投手陣が11点奪われたら負ける。だから、投手力を整備し、負けないチームづくりをすることは、長いペナントレースを制する鉄則と言っていい。

これは、日本シリーズのような短期戦にも当てはまる。信頼できる先発ピッチャーが3枚、4枚揃っているチームはそれだけで有利だ。あるいは、1954年の中日・杉下茂さん、西鉄黄金期の稲尾和久、1959年の南海の杉浦忠のような絶対的エースがいるチームも強い。今とは違い、当時はエースが連投するのはあたりまえだったからだ。

しかし、現在の野球はピッチャーの肩や肘は消耗品という考えにもとづき、消耗を最小限に抑えるために、球数や登板間隔に配慮するようになった。日本シリーズであっても、先発ピッチャーが連投することはまずない。

そこで、短期戦を勝ち抜くために重要視されるようになったのが、セットアッパー（先発ピッチャーとクローザーの間をつなぐ）やクローザー（「ストッパー」とも言う）といった救援投手（リリーフ）である。

2017年のソフトバンクとDeNAの日本シリーズも、リリーフの出来が明暗を分けた。ソフトバンクはデニス・サファテが第2戦・第3戦でセーブを挙げ、さらに第6戦では9回から3イニングを投げ、チームは11回裏にサヨナラ勝ち。日本一を決めた。文句なしのMVPである。

いっぽう、DeNAの山﨑康晃《やまさきやすあき》は第6戦の9回裏、内川聖一《うちかわせいいち》に同点ホームランを浴びて勝ちを逃している。もし、逃げ切っていれば、3勝3敗のタイ。シリーズの行方《ゆくえ》はどうなっていたかわからない。

このように今や、リリーフの力が、短期戦の勝敗を左右する時代である。

私も現在のように投手分業制が確立する以前、リリーフの重要性を認識したからこそ、江夏に対して先発からの転向を説得したのである。それ以前、私が南海の兼任監督に就任した1970年には、ルーキーの佐藤道郎をリリーフ専任にした。いずれの起用も、先発ピッチャーが手薄な当時の南海には、試合の終盤をまかせられるリリーフエースが不可欠だったからである。

しかし、私よりもっと早く、そして今から半世紀以上前に、リリーフ専門のピッチャーをつくったのが川上さんである。その慧眼《けいがん》は敬服に値《あたい》する。

## 日本の野球を変えた〝８時半の男〟

川上巨人の９連覇は１９６５年にスタートしたわけだが、このシーズン、驚異的な活躍をしたのが宮田征典だった。20勝５敗、防御率２・07。この成績は、ほとんどリリーフによるもので、現行制度なら22セーブがつく。巨人は91勝47敗２分けで優勝しているから、実に勝ち星の２割以上に貢献した計算になる。しかも69試合に登板、１６４回３分の２を投げて規定投球回数にも達したのだから、恐れ入る。

川上さんが宮田をリリーフ専任にしたのには理由があった。宮田は発作性心臓頻脈症《しんぞうひんみゃくしょう》という持病を抱え、長いイニングを投げられないからだ。そこで、川上さんは宮田の抜群の制球力と「ミヤ・ボール」と言われた独特の曲がり方をするカーブを生かすために、リリーフ転向を決断。これが見事に当たったった。

もちろん、川上さんは宮田の力を信頼していた。開幕前にピッチングコーチの藤田元司さんに「先発は６回まで持てばいい。あとは宮田にまかせるから」と伝えたそうだ。宮田と心中する覚悟があったに違いない。宮田はその期待に応《こた》え、毎試合7～8回に登板し、チームに勝利を呼び込んだ。

そして、あるとき、スポーツ紙の記者が後楽園球場のウグイス嬢から「宮田さんの名前を毎晩8時すぎに呼んでいる」という話を聞き、「8時半の男」と題して記事にした。これが宮田のニックネームの由来である。〝大魔神〟佐々木主浩《ささきかづひろ》がそうであるように、球界ではこうした異名がついた選手は強い。相手が必要以上に意識するようになるからだ。

やがて〝8時半の男〟宮田がブルペンに姿を見せるだけで、球場が騒がしくなるようになった。敵チームは、宮田が出てくる前に得点しなければと焦《あせ》るのだから、川上さんの思うツボである。巨人にしてみれば、無形の力を得たと言っていい。

この年、宮田を擁する巨人との日本シリーズを戦ったのは、わが南海だった。南海は1勝するのが精いっぱい。宮田は第2戦・第3戦・第5戦に登板し、最終戦となった第5戦はリリーフに回っていた杉浦との投げ合いとなったが、9回裏に土井正三のサヨナラヒットで巨人が日本一を決め、宮田は胴上げ投手になったのである。

MVPは21打数8安打、2本塁打、6打点の長嶋。宮田は最優秀投手賞を受賞した。しかし私は、MVPには宮田がふさわしかったと思っている。勝ち星こそひとつだが、トータルで8イニングを投げて無失点。南海打線に3安打しか許さなかったのだから。

## 日本シリーズ防御率0・00の投手

1992年、1993年と、ヤクルトは2年連続でリーグ優勝し、日本シリーズに進んだ。相手はいずれも森祇晶率いる西武。ともにキャッチャー出身監督であり、同世代だ（森が1学年下）。現役時代、森は常勝巨人の頭脳と言われ、私も南海を兼任監督として支えた。リーグは違っても、私が生涯ライバルとして認めてきた男である。

そんなこともあって、1992年の日本シリーズは「キャッチャー出身監督対決」と騒がれたが、チームの実力差は明らかだった。なにしろ、森が監督になって以来、西武は6シーズンで5回優勝し、5回とも日本一に輝いている。森自身に限れば、それまで現役、コーチ、監督時代を通じて日本シリーズに20回出場して、1回も負けていない。

いっぽう、ヤクルトは14年ぶりのリーグ優勝。私自身も、日本シリーズを経験するのは19年ぶりだった。

百戦錬磨の西武と、選手のほとんどがシリーズ初体験のヤクルト。スポーツ紙やテレビの予想も「西武の圧倒的有利」だった。私が解説を担当したとしても、同じ予想をしたはずである。それでも、結果は3勝4敗。どうにかセ・リーグ代表チームとしての面目は立ったが、両チームの差を挙げればきりがなかった。

なかでも決定的な差のひとつが、リリーフの存在である。西武には潮崎哲也《しおざきてつや》、鹿取義隆と、頼りになるリリーフが2枚いた。しかし、ヤクルトは終盤を安心してまかせられるピッチャーがいない。そのしわ寄せは先発ピッチャーにおよんだ。岡林は3試合に投げ、3完投。そのうち2試合は延長戦である。

強いチームにリリーフは欠かせない。それを痛感したシリーズでもあった。では、誰をリリーフに仕立て上げるか。

私が案外いけるのではないかと思ったのが、高津臣吾《たかつしんご》だった。高津はサイドスローであるという特徴を除けば、取り立てて見るべきものがないピッチャーである。ストレートは速くないし、バッターが嫌がる変化球もない。だから、左の好打者にはよく打たれた。

しかし、ボールの威力は平凡でも、ハートの強さは並外れたものがあった。この精神力がリリーフに向いていると考えたのだ。問題は、左バッター対策である。

そこでお手本としたのが、西武の潮崎だった。潮崎は高津と同じサイドスローだが、高津にはない武器があった。シンカーである。潮崎のシンカーは一度フワッと浮き上がって、打者の手元で大きく沈む。これがチェンジアップのような効果を上げ、左バッターを翻弄《ほんろう》することができたのである。

私は高津にシンカーをマスターするようにアドバイスし、翌1993年のキャンプから本格的な挑戦が始まった。

高津は潮崎の投球映像を分析して、ボールの握りやリリースの仕方を盗もうとしたが、潮崎のように中指と薬指の間にボールを挟《はさ》んで抜くことができない。そこでフォークボールのように人差し指と中指で挟んで投げた。これなら、落差の大きなシンカーを投げられたからである。

こうして、高津はシンカーを自分のものとし、さらに低めに球を集める制球力を磨《みが》き、リリーフとして生まれ変わった。1993年の日本シリーズでは3セーブを挙げて胴上げ投手となり、その後も3回、日本シリーズにおいてリリーフの仕事を完遂した。通算11試合に登板し、1点も取られていない。つまり、防御率0・00なのだから、見事と言うほかない。

## 私が理想とする野球

1993年の日本シリーズで、ヤクルトは西武を破った。前年のリベンジをはたしたわけだが、第7戦までもつれたことからも明らかなように、辛勝だった。

さらに、運も味方した。第6戦が雨で流れたことにより、第4戦で西武を8回無失点に抑えた川崎憲次郎《かわさきけんじろう》を、中4日で第7戦に起用することができたのだ。これは大きかった。川崎は7回2失点の力投で、チームを勝利に導いた。

もちろん、運だけではない。戦力の充実もその主たる要因だ。前年は岡林ひとりが頼りの先発陣だったが、この年は川崎憲次郎、伊東昭光《いとうあきみつ》、西村龍次《にしむらたつじ》と3人が二ケタ勝利を記録し、シリーズにおけるローテーションの目途《めど》が立った。うしろにはこのシーズン、20セーブを挙げた高津もいる。

打線も古田敦也、荒井幸雄《あらいゆきお》ら4人が打撃ベストテン入りし、広沢克己、池山隆寛、ジャック・ハウエルの3人が20本塁打以上。巨大戦力の西武に対抗できる陣容となった。

　こうした投手陣・攻撃陣の厚みが日本一につながったのはもちろんだが、私にはそれ以上に選手の成長が感じられたシーンがあった。

　まず第4戦の8回表だ。スコアは1対0と、最少リード。好投していた川崎がにわかに崩れ、二つのフォアボールで二死一、二塁のピンチとなった。打席には三番の鈴木健《すずきけん》。ここで、私は長打を警戒し、外野陣にうしろに下がるように指示を出した。

　ところが、鈴木の当たりはセンター前に飛んだ。その瞬間、同点を覚悟したが、センターの飯田はワンバウンドで捕球するや、本塁へ矢のような送球。代走の笘篠誠治《とましのせいじ》を本塁手前で刺したのだ。そして、9回表は高津が危なげなく抑え、1点を守り切った。

　私が感心したのは飯田の守備位置である。飯田は私の指示を無視して、あえて前で守ったのだ。理由を聞いて納得した。

「センターから本塁方向に強い風が吹いていたので、うしろを越されることはまずないだろうと思いました」

　私が提唱する「考える野球」とは無縁だと思っていた飯田が、しっかり自分でグラウンド状況を観察し、得点差を考えたうえで、守備位置を判断していたのだ。そこに成長を見た。

もうひとつは、最終戦の8回表だ。3対2とヤクルトがリードし、古田の三塁打で一死三塁となった場面である。1点も与えたくない西武は前進守備を敷いた。ここで広沢が3－1のカウントからショートゴロを打つと、古田は好スタートでホームイン。古田は広沢のバットにボールが当たった瞬間に走り出す、いわゆる「ギャンブルスタート」を行なったのだ。

これは前年の日本シリーズ第7戦で、広沢のスタートが遅れて勝ち越し点を奪えなかった教訓から、私が考案した戦法である（21～22ページ）。

実は、この場面で私はサインを出していない。あくまで古田自身の判断だった。たとえ本塁にまにあわなくても、三本間《さんぽんかん》の挟殺プレーの間にランナーの広沢が二塁に行けば、まだチャンスは続くと考えたのである。そこまで考え、自分で的確な判断ができたところに価値がある。

私が何も言わなくても選手が動く——それは理想の野球でもあった。

前年より戦力は充実した。運も味方した。しかし、常勝西武を破った最大の要因は、選手ひとりひとりが自覚を持って勝つための野球を実践したことにあった。日本一は偶然の産物ではない。私は、今でも勝つべくして勝ったシリーズだったと思っている。

## 古田敦也と伊東勤、どちらが名捕手か

一般に、優秀なキャッチャーが育てば、そのチームは10年間は安泰だと言われる。日本シリーズのような短期戦においても、優秀なキャッチャーがいるチームはまちがいなく強い。西武は1985年から1994年までの10年間でリーグ優勝9回、日本一6回とV9時代の巨人に匹敵する隆盛を誇ったが、それは伊東勤の存在なしには語れない。同様に、1990年代のヤクルトも古田によって一時代を築いた。

伊東が森の教え子であるように、私もベンチでは常に古田を横に置いて、配球のイロハから教えた。厳しく叱責したこともある。森が伊東をどのように育てたかはわからないが、私と変わらなかったのではないか。

そんな伊東と古田が1993年の日本シリーズ前に、テレビの企画で対談をしたことが

あった。興味深かったのは、アナウンサーに「キャッチャーとは？」という質問をされたときの2人の回答だった。

古田は「中間管理職」と答えた。おそらく古田は、監督の考える野球をピッチャー以下、グラウンドにいる選手全員に伝え、チームを円滑に機能させるのがキャッチャーの仕事だと考えたのだろう。これはこれでまちがいではない。いかにも古田らしいドライな考え方である。

対する伊東の答えは「看護婦さん」だった。これはちょっとわかりづらい。ピッチャーを患者に見立て、優しく寄り添うようにリードするということだろうか。いや、伊東のことだ。もっと深い意味があったに違いない。私はこう推察する。

伊東が考える看護婦さんとは、患者の症状や治り具合、さらに性格などすべてを考慮に入れたうえで看護することではないか。これをピッチャーに置き換えれば、その日のベストのピッチングをさせるために、ストレートの走りや変化球の切れ、感情の起伏や揺れ、さらにスコアやカウントなどあらゆる状況、あらゆる要素を考えながら、リードするということだと思う。

伊東のリードは一見、安全第一の、冒険をしないリードに見える。西武のようにボールに力のあるピッチャーをリードするには理に適《かな》っている。しかし、伊東の配球が読みやすいかというと、そうでもない。

1993年のシリーズでは、ヤクルトは第1戦で8対5、第2戦も5対2と快勝した。それは事前に収集したデータをもとに伊東のリードを読み、工藤公康、郭泰源という西武の左右のエースを打ち込むことができたからだ。

ところが、移動日をはさんだ第3戦から、伊東はガラッと配球を変えてきた。そして、以後、伊東の配球パターンはまったく読めなくなる。その結果、王手をかけながら、第5戦は工藤に、第6戦は郭に抑え込まれ、3勝3敗のタイに持ち込まれたのである。

伊東に比べると、古田のリードは案外わかりやすい。伊東のように安全第一のリードではない。もちろん、西武よりピッチャーの質が劣るぶん、大胆な攻めをする必要がある。それを考慮に入れても、意外に淡泊な攻めをするときがある。伊東のようにあらゆる状況、あらゆる可能性を考えたうえでの粘《ねば》っこいリードではない。

ことバッティングと肩の強さでは、古田のほうが伊東より上だ。しかし、リードに関しては伊東のほうが一枚も二枚も上だったと言わざるを得ない。

2人の差は監督になってからも顕著だ。古田がヤクルトで監督を務めたのはたった2年。期待されたにもかかわらず、満足のいく結果は残せなかった（2006年セ・リーグ3位、2007年同最下位）。その後も、監督の声がかかっていない。

対して伊東は、西武とロッテで合計9年間監督を務めた。西武はかつての強い西武ではなくなっていた時期だし、ロッテも戦力的に恵まれたチームではない。にもかかわらず9年間でAクラスが6回。2004年には西武の監督として落合率いる中日を4勝3敗で破り、チームにとって12年ぶりの日本一に導いた。2009年の第2回WBCでは総合コーチとして原辰徳監督を支え、侍ジャパンの連覇に貢献している。

古田と伊東のその後の違いは、キャッチャーという仕事を「中間管理職」と考えるか、「看護婦さん」と考えるか、その差であったような気がしてならない。

## 運、ツキ、流れ

スポーツマンに限らず、どんな人の人生にも「運」や「ツキ」がつきまとう。私のように野球しか能がない人間が、これだけ長期間、野球にかかわることができたのも「運」や「ツキ」があったからだと思う。それは否定しない。しかし、それはあとで振り返って思うことである。そのとき、その瞬間に「運」や「ツキ」を当てにしたことはない。

　日本シリーズのような短期戦では、ことさら「運」や「ツキ」が勝負を左右することがあるが、これまた最初から「運」を期待し、「ツキ」が来るのを待っているようでは、まず勝ち目はない。

　私も試合の流れを変えるために、奇策をしかけたり、思い切った選手起用をしたりしたことがある。しかし、そこには私なりの理論も根拠もあった。野球とは考えるスポーツであり、ひとつひとつの作戦は勝つために考え、準備した結果でなければならない。

　とはいえ、こんな私も、ゲン担《かつ》ぎはした。

　監督という商売は不思議なもので、どんなに考えても、どんなに万全な準備をしたつもりでも、不安なのである。ゲンを担ぐことで不安が減り、目の前がすこしでも明るくなればと思ったのだ。もちろん、それだけで勝てるとは考えていない。

　ゲン担ぎは、2017年に亡くなった妻の沙知代《さちよ》の影響でもある。1993年は、ヤクルト監督としてはじめて日本一になったシーズンだった。当時、沙知代が懇意にしていた占い師によると、この年の私のラッキーカラーは黄色とピンクだという。

それで、日本シリーズでは黄色のパンツを穿《は》いた。これで第1戦・第2戦を連勝。第3戦で負けたので、新しい黄色のパンツに代えた。これで第4戦に勝って王手をかけたのだが、第5戦に負けて、再び新しい黄色のパンツに。ところが、その効果なく第6戦も敗れたので、最終戦ではピンクのパンツを穿いた。そのピンクのパンツが、胴上げのときにチラッと見えてしまったため、話題になった。お恥ずかしい限りだが、監督とはそれくらい孤独な仕事とご理解いただきたい。

日本シリーズに強かった川上さんや森はどうだったのだろう。何かゲン担ぎをしていたのだろうか。個人的に興味があるところではある。

# 第4章
# WBCとオリンピック

## 国際大会の難しさ

早いもので、２００６年に第1回ワールド・ベースボール・クラシック（ＷＢＣ）が開催されてから、10年以上が経過した。この間、対戦方式やルールを変えながら、4回行なわれた。日本は第1回・第2回に優勝し、第3回・第4回はベスト4止まり。

これをよくやっていると思うか、それとも日本の実力からすれば物足りないと思うか、とらえ方は人それぞれだろうが、日本の将来の野球人気、ひいては野球人口を考えれば、やはり優勝は至上命題だろう。

私が現役の頃は想像もしなかったが、今やテレビでさえ、巨人戦を中継しなくなっている。そんな時代に、日頃、野球に関心が薄い人も注目するのがＷＢＣなのだ。残念ながら、野球でサッカーのワールドカップに匹敵する大会と言ったら、これしかない。

それでも、第1回ＷＢＣはどんな大会なのか、その位置づけがよくわからなかった。各国の代表が真剣に世界一を狙う大会なのか、メジャーが野球ファンを世界に広げるためのイベントなのか……。いずれにしても、メジャーの連中が本気だったとは思えなかった。

一番真剣に戦ったのが日本と韓国、そして自他ともにアマチュア世界一を認めるキューバであり、この3チームがベスト4に残った。

しかし、日本は予想以上に大苦戦を強いられた。このときは東京開催の1次ラウンド、アメリカ開催の2次ラウンドを経《へ》て、一発勝負の準決勝、決勝と進む方式だった。日本は1次ラウンドで韓国に負け、2勝1敗での2位通過。2次予選ではいきなりアメリカにサヨナラ負けを喫した。しかも、8回表、犠牲フライで三塁ランナー西岡剛《にしおかつよし》（当時・ロッテ。以下、当時の所属チーム）が勝ち越しのホームを踏んだはずが、球審ボブ・デービッドソンの誤審によりまさかのアウト。ビデオを見ても、誤審は明らかだった。監督の王が、試合後の記者会見で「野球がスタートした国で、こういうことがあってはいけない」と厳しい口調で、判定を批判したのも当然だった。

この試合、国際大会の難しさを感じさせたのが、一番手で登板した清水直行《しみずなおゆき》（ロッテ）の不正投球である。ボールに唾《つば》をつけたと審判に注意された清水はリズムを崩し、デレク・リー（カブス）に同点2ランを浴びた。このあたり、日本チームが国際大会を念頭に置いた対策が周知徹底されていたか、疑問が残った。

その後、日本はメキシコに快勝、韓国には惜敗して1勝2敗。この時点で、誰もが日本の第1回WBCは終わったと思った。しかし、野球の神様は日本を見放さなかった。メキシコがアメリカ相手に2対1で、まさかの勝利を挙げた。これで3戦全勝の韓国を除き、日本、アメリカ、メキシコが1勝2敗で並んだのである。そして、失点率により日本の準決勝進出が決まった。

この失点率というルールがわかりにくい。失点率とは総失点を守備イニングで割ったもので、1イニングあたりの失点数を指す。これがもっとも少ないチームを上位とするわけだ。そもそもこんなルールのもとで戦っていることさえ、私は知らなかった。ファンも同じだろう。おそらくアメリカがつくったのだろうが、自分たちでつくったルールに泣いたのだから、皮肉である。

こうして2次ラウンドを突破した日本は準決勝で韓国、決勝でキューバを破って優勝したわけだ。一度は死んだ身《み》である。その開き直りが幸《さいわ》いしたのはまちがいない。キューバ相手に10対6で打ち勝った決勝戦など、先発した松坂大輔《まつざかだいすけ》（西武）を筆頭に、日本の選手は伸び伸びとプレーしていた。

## 日本のレベルは高いか、低いか

第1回WBCは、「禍福《かふく》は糾《あざな》える縄《なわ》の如《ごと》し」ということわざのような大会だった。不幸と幸福が交互に訪れ、最後に笑ったのは日本チームだった。それでもトータルに見れば、私は日本野球の優れた面が出たと思っている。

簡単に言えば、チーム一丸となった結束力とインサイドワークに長《た》けた緻密《ちみつ》な野球である。たとえば、攻撃では、バント、ヒットエンドラン、スクイズ、盗塁などを絡《から》め、確実に1点を取りにいく。守備では、セットポジションの技術ひとつとっても日本のピッチャーのほうが格段にうまい。だから、相手は盗塁しづらい。逆に、アメリカのピッチャーのモーションを盗んで走るほうがはるかにたやすい。

こうした日本の戦法については、メジャーの選手たちも高く評価した。ロバート・ホワイティング著『世界野球革命』（ハヤカワ文庫）には、この大会に出場したメジャーの選手たちのコメントも紹介されているので、一部引用させていただく。

「日本チームのようなラインナップには、事実上弱点がない。打者すべてがオールスター級だからではなく、一人一人が我慢強く集中力を全開にして打席に立ってるからさ」（ジ

エイク・ピービー／パドレス）

「われわれのまずいプレーはさておき、日本人はほめるべきだよ。連中の長所が、そのまわれわれの弱点なんだ。彼らは細かいプレーを本当にていねいにこなしてる。走者を進めたり、タイミングよくバントしたり、エンドランをうまく使う、本当にいいチームは、そうやって試合に勝つんだ。ああいう試合では、ホームランばかりに頼っていてはいけないのさ」（デレク・ジーター／ヤンキース）

「彼らはカウントをうまく利用するし、ボールをちゃんと活かす。左打者がレフト方向に流すあたりは、見事としか言いようがない。しっかり構えて、投球をよく見極めながらバットを振ってる。やるべきことをすべてやってるね」（ブラッド・リッジ／アストロズ）

要するに、WBCのような短期戦では、長打力に依存するのではなく、日本のように機動力や小技《こわざ》を駆使した野球、いわゆる「スモール・ベースボール」が有効であることを認めているのだ。個々の能力では明らかに勝《まさ》っている相手を、チーム全体の力で倒す——それこそが野球の醍醐味だと私は思う。第1回WBCの日本チームはそれを実証した。

しかし、それはあくまで短期戦に限ってのことで、1シーズンフルに戦えば、結果はまったく逆になると指摘する声もある。当時、ホワイトソックスの監督だったオジー・ギーエンが日本チームの実力について「メジャーのレベルで162試合を戦ったら、せいぜい20勝がいいところ」と発言して話題になった。案外、これが彼らのホンネかもしれない。

しかし、本当に日本の実力はその程度だろうか。たとえば、エンゼルスの大谷翔平《おおたにしょうへい》やヤンキースの田中将大などメジャー各球団に散らばった選手と、日本の各球団の主力選手を集めてチームを構成したら、私はかなりの戦い方ができると考える。それくらい日本の野球のレベルは高い。

## 監督の条件

第1回WBCの監督がどのような経緯で決まったかは知らないが、私は王でよかったと思っている。

世界一を決めるはじめての大会であり、各球団からスター選手を招集するのだから、求心力も人望も実績も必要になる。とりわけ求心力という点において、日本の野球界で王を凌《しの》ぐ人材はいない。日本チームのキーマンと言っていいイチロー（マリナーズ）が、王を尊敬している点も大きかった。メジャーで活躍するイチローには求心力があり、そのイチローが王を尊敬しているのだから、チームはひとつにまとまりやすい。

もし私が監督になっていたら、イチローはどう思っただろう。それまでも、私はイチローには厳しいことを言ってきたし、1995年にオリックスと対戦した際にはイチローをターゲットに挑発した過去もある（97〜99ページ）。そんなことを気にする心の狭い人間だとは思わないが、案外、煙《けむ》たがられたかもしれない。

なお、過去の成績だけを見れば、王は短期戦に強いタイプの監督ではない。巨人とソフトバンクの19年におよぶ監督生活で4回のリーグ優勝を遂げたが、日本一は2回。しかもパ・リーグのプレーオフとCS（2007年には3位で進出）には3回出場しながら、1回も勝ち上がることができなかった。おそらく、王ほどプレーオフという短期戦のシステムを苦々《にがにが》しく思った監督はいないはずである。

采配は性格通り、きわめてオーソドックスだ。私も楽天監督時代に対戦しているから、手の内はよく知っている。簡単に言えば、わかりやすい。相手が嫌がるようなことはほとんどしないし、奇策や奇襲をしかけることもない。だから、豊富な戦力を抱えながらも、なかなか勝てなかったのである。

　自分が強打者だったこともあり、攻撃野球が身上《しんじょう》だった。そのなかから、松中信彦や小久保裕紀《こくぼひろき》が育った。秋山幸二という後継者もつくった。そして、王の最大の強みは選手たちに「この人を勝たせたい、優勝させたい」と思わせる人望だ。それが存分に生かされたのが、第1回WBCだったように思う。

## 不明瞭だった、WBC監督の選定

　問題となったのは、2009年に開かれる第2回WBCの監督だ。前年の2008年秋頃から、人選ですったもんだした。第1回WBCの優勝監督である王が指揮を執るのが一番いいが、王は健康上の理由から断わる。胃にできた腫瘍《しゅよう》の治療に専念するため、2006年の夏から休養。翌年から現場に復帰したが、この年限りで退任していた。

　有力視されていたのは星野仙一だった。しかし、星野はこの年の夏、北京《ペキン》オリンピックで日本チームを率いて惨敗したこともあり、就任を辞退した。

　そこで急遽《きゅうきょ》、日本野球機構コミッショナーの主導により、WBC体制検討会議が開かれることになった。顧問である王を中心に、星野仙一、高田繁、野村謙二郎《のむらけんじろう》、私がメンバーとして招集されたのである。

なぜ、このメンバーだったのか、その理由は今もってわからないが、10月の第1回会合で王が提案したのは、星野だった。「現役監督が代表監督を務めるのは難しい」というのが、その大きな理由である（高田はヤクルト監督、私は楽天監督だった）。

しかし、世論が納得するはずがない。風向きを変えたのはイチローの発言だった。

「本気で最強のチームをつくろうとしているようには思えない。WBCは北京オリンピックのリベンジの場ではない」

こうした逆風下にあって、再び星野も就任を辞退したため、人選はついに白紙に戻る。

私が「自分の番かな」と思ったのは、このときである。あるテレビ局が実施した「誰がWBC監督にふさわしいか」というアンケートでも、1位は私だった。落合博満もメディアを通して「ノムさんがいいんじゃないの」と後押《あとお》ししてくれた。

しかし、次の会合で、私の名前が挙がることはなかった。それどころか、王に「ノムさんはやるつもりないでしょう」と聞かれ、つい「うん」と答えてしまった。もし私が「いや、やってもいいよ」と言っていたら、どうなったのだろう。ちなみに私は、中日の監督だった落合を推《お》した。

「落合なんかおもしろいんじゃないか。現役だし、実績も申し分ない」

すると、即座に「落合はダメだ」と、王に却下された。結局、この年のリーグ優勝監督である西武の渡辺久信と巨人の原辰徳に絞られ、「経験」を理由に原に決まった。渡辺はこの年日本一になったとはいえ、まだ監督1年目だった。

しかし、私は腑《ふ》に落ちなかった。ＷＢＣのアジア予選を主催する読売グループの意向が人選を左右したようにしか考えられなかったのだ。私は会議の終了後、マスコミについホンネを漏《も》らした。

「出来レースだよ」

まあ、こういうことを口走るから、周囲に敵ばかりつくってしまうのだが……。

## 真の世界一決定戦ではない

原は、投手力重視の守り勝つ野球で見事、日本のＷＢＣ連覇を達成した。

ダルビッシュ有《ゆう》（日本ハム）、岩隈久志（楽天）、松坂大輔（レッドソックス）、田中将大（楽天）、涌井秀章《わくいひであき》（西武）、藤川球児《ふじかわきゅうじ》（阪神）、杉内俊哉《すぎうちとしや》（ソフトバンク）……。投手陣の顔ぶれは、今見ても実に豪華だ。チーム防御率1・71という数字がそれを証明している。おそらく、WBC史上、最強の日本チームだったのではないか。なお、この大会から日本代表は「侍ジャパン」の名前で呼ばれるようになった。

私が奇妙に思ったのは対戦方式だ。第2ラウンドまで敗者復活戦を組み込んだ「ダブルエリミネーション方式」により、韓国と5回も対戦した。9試合戦って、そのうち5試合が韓国戦である。これはどう考えてもおかしい。16カ国が参加しているのだから、野球ファンはもっと多様なカードを見たかったはずである。

アメリカが日本、韓国、キューバと決勝リーグまで当たらないようにするために仕組んだ方式だという声も耳にしたが、これが事実なら情けない。ベースボール先進国のプライドはないのかと思う。

もうひとつ気に入らないのが、球数制限である。第2回WBCでは1次ラウンド70球、2次ラウンド85球、準決勝・決勝100球だった。ただし、投球中に制限数を迎えたピッチャーは、対戦中のバッターが打席を終えるまでは投球できる。第3回からは球数は5球ずつ減って、1次ラウンド65球、2次ラウンド80球、準決勝・決勝95球となった。

さらに、オリンピックなどでおなじみのタイブレークも採用されている。これは12回を終えて同点の場合、13回の攻撃以降無死一、二塁からスタートするというものだ。2018年8月、第100回全国高等学校野球選手権記念大会（甲子園）で初のタイブレークが実施され、話題になったことは記憶に新しい。

しかし、球数制限やタイブレークは、日本もアメリカもシーズン中はもちろん、日本シリーズやワールドシリーズにおいても採用されていない。投手の交代は球数で制限されるものではなく、選手の体調などを把握《はあく》している監督やコーチの采配で決めるべきだ。また、ヒットや四死球以外でランナーが出るタイブレークはあまりに不自然である。決着がつくまで延長戦をやるべきだし、それが無理なら引き分けのほうがまだいい。野球本来の姿からどんどん遠ざかっているように、私には思える。

要するに、メジャーにとってWBCは野球ファン拡大の一《いち》手段にすぎないのだろう。

しかし、それでも、日本はこの大会に勝たなければいけない。日本の野球の実力を世界に知らしめるには、残念ながらこの大会しかないのだから。問題は、そのチームを誰が指揮するかである。

## 負けるべくして負けた第3回WBC

2013年の第3回WBCにおいても、監督人事は迷走した。当初は落合博満、秋山幸二、梨田昌孝《なしだまさたか》、山本浩二《やまもとこうじ》あたりが候補に挙がり、本命はソフトバンク監督・秋山だったようだ。第1回の王も、第2回の原も現役の監督であり、これが吉《きち》と出た。この条件に該当するのは秋山しかいない。

ところが、秋山が「現役監督との両立は絶対に無理」と拒絶態度を崩さなかったため、急転直下、山本浩二に決まった。山本浩二が球界に敵がいないというのも大きかったのだろう。言い方は悪いが、人畜無害《じんちくむがい》な存在であることが幸いしたのだ。

しかし、山本浩二はないだろうというのが、私の正直な気持ちだった。広島で監督を10シーズン務めたがリーグ優勝は1回、7シーズンはBクラスである。1回だけ出場した日本シリーズも負けているのだから、短期戦の実績はないに等しい。

北京オリンピックでコーチを担当した「国際経験」を評価する声もあったが、このときは惨敗だ。しかも、それから5年経《た》っているのだから、試合勘があるとも言えない。

私はヤクルト監督時代に山本浩二率いる広島と何度も対戦しているから、よくわかるのだが、いたって与《くみ》しやすい相手だった。采配はオーソドックスと言えばオーソドックス、こちらがとまどうような策を弄《ろう》してくることはまずない。だから、選手の調子がよければ勝ち、悪ければ負けるという、それだけのチームだった。WBCのような短期戦に勝利する戦略・戦術があるとは、とても思えない。

大会に入ると、私の不安は的中した。投手継投では後手《ごて》を踏み、走塁のサインも判断をまちがった。象徴的だったのは、準決勝のプエルトリコ戦である。3点ビハインドの8回裏、1点を返して、なお一死一、二塁。打席には四番の阿部慎之助《あべしんのすけ》（巨人）。ここで、日本はダブルスチールを試《こころ》みるものの失敗し、チャンスを潰《つぶ》してしまう。

このときベンチから出たサインは「いけたら、いけ」だった。つまり、相手ピッチャーのモーションを盗めたら走れというわけで、判断を選手に委《ゆだ》ねたのである。私に言わせれば、まったく無責任なサインであり、こんなサインはサインとは呼べない。

阿部に対する2球目の投球で、二塁ランナーの井端弘和《いばたひろかず》（中日）と一塁ランナーの内川聖一（ソフトバンク）はスタートを切ったが、井端はタイミングが遅れたと判断して途中で帰塁、そのまま二塁に走った内川は一、二塁間に挟まれてアウトになった。貴重な同点のランナーがいなくなり、日本の反撃ムードが一気にしぼんだのは言うまでもない。ひとつのサインミスで流れが変わるのが、短期戦である。厳しいかもしれないが、山本浩二には侍ジャパンの監督は荷が重かったと言わざるを得ない。

## なぜ実力も経験もない監督が選ばれるのか

過去の監督選びの迷走を反省したからか、第3回WBCが終わると、日本は侍ジャパンの常設化に踏み切った。中心となるメンバーをある程度固定し、シーズン後に対外試合を組むなどして、代表チームを強化しようというわけだ。結束力を高めようという意図もあるのだろう。

２０１３年、その指揮官に選ばれたのが、前年に選手を引退していた小久保裕紀である。小久保の監督就任が発表されるや、私は異《い》を唱えた。なぜなら、小久保には監督はおろか、コーチの経験もないからだ。青山学院大学時代に主将だったリーダーシップも評価の対象となっているようだが、そんな選手はプロにはいくらでもいる。

あるいは、小久保が大学時代、バルセロナオリンピック（1992年）に大学生で唯一出場した経験を買う声もあったらしい。しかし、オリンピック選手とWBC監督では注目度の高さ、重圧の大きさは比較にならない。また、小久保が過去に選手でもコーチでもいからWBCに出場していれば、その経験は糧《かて》となったはずだが、その経験もない。

もし小久保にリーダーシップも人望もあり、優れた野球の戦略・戦術を持っているなら、ソフトバンクの監督になっていてもおかしくない。しかし、そういう話を耳にしたこともないし、他球団が小久保に監督要請をしたこともないようだ。

では、なぜ小久保が選ばれたのか。

聞くところでは、侍ジャパンの特別顧問である王が、小久保を強く推《お》したらしい。つまりは情実による採用である。上層部の覚えめでたき人物が監督になる時代なのだ。

まあ、これは侍ジャパンに限ったことではない。今の12球団の監督の顔ぶれを見ても、監督に選ばれた一番の理由は、現役時代に自軍のスター選手だったことである。二番目の理由は、球団幹部の受けがいいことだ。だから、年俸交渉などでフロントともめた選手はなかなか監督にはなれないだろう。

## 各国の真剣度

小久保は、WBCの前哨戦とも言うべき、2015年のオフに開催された「WBSCプレミア12」の準決勝で、いきなりミスを犯した。プレミア12には日本、韓国、アメリカ、カナダ、ドミニカなど12カ国が参加していたが、日本が勝つ可能性がきわめて高い大会だった。バリバリのメジャーリーガーはひとりも参加していないし、ボールも日本の公式球を使っている（WBCでは、日本の公式球より約6ミリ大きく約7グラム重いメジャーの公式球を使用）。開催地も日本と台湾である。

順調に勝ち進んだ日本がつまずいたのは、韓国との準決勝だった。

最初のミスは、それまで韓国打線を完璧に抑えていた大谷翔平（日本ハム）を8回から代えたことだ。7回で85球を投げ、1安打無失点。スコアは3対0。WBCとは異なり、プレミア12は球数制限がないから、あと2イニングは十分投げられたはずだ。

さらに、8回から二番手として登板した則本昂大《のりもとたかひろ》（楽天）のイニングまたぎも判断ミスだ。則本は、大会中にイニングまたぎで打ち込まれたことがあった。案の定、9回につかまり、3連打で1点を失って無死満塁で降板。代わって出てきたのが松井裕樹《まついゆうき》（楽天）である。この年、33セーブの好成績を残したとはいえ、高校を卒業してプロ2年目。しかも1次予選で最終回に登板し、逆転二塁打を打たれている。松井が四球で押し出しの1点を献上すると、続いてリリーフに立った増井浩俊《ますいひろとし》（日本ハム）も李大浩《イデホ》（ソフトバンク）に二塁打を打たれ、悪夢の逆転負けとなった。

私から見れば、日本の敗戦は監督・小久保の経験不足による判断力の欠如だった。こんな采配を見せられたのでは、選手が監督を信頼しなくなっても不思議ではない。

小久保が指揮した2017年の第4回WBCは、結局、前回と同じく準決勝で涙を飲んだ。回を重ねるごとにアメリカをはじめ、ドミニカ、プエルトリコ、ベネズエラなど強豪国の真剣さの度合いが増し、参加したメジャーリーガーも目の色を変えてプレーするようになってきた。だから、準決勝進出は「上出来」「よくやった」と評価する向きもある。しかし、「よくやった」ではダメだ。侍ジャパンに求められるのは優勝である。

敗因は打てなかったことに尽きる。特に、アメリカのピッチャー全員が投げるツーシームだ。日本のプロ野球で見るのとはまるで違う。150キロ台のスピードがありながら、バッターの手元で鋭《するど》く、大きく曲がったり、沈んだりするため、日本のバッターはことごとく芯《しん》を外され、凡打の山を築いた。

では、打つ手がなかったのか。

私はそうは思わない。セーフティバント、エンドラン、盗塁……もっと積極的に日本の長所である機動力を使うべきである。バットを強振して引っ張るのではなく、手元でボールを叩き、逆方向に打つことを徹底してもいい。まさに、第1回WBCで日本がアメリカから称賛されたスモール・ベースボールである。さらに、データを活用することで攻略の糸口は見つけられたはずである。

相手が強ければ強いほど、局面を打開するためにあらゆる策を次々と講じるのが、監督の采配だ。短期戦、それもトーナメントによる一発勝負の試合だからこそ大胆かつ緻密《ちみつ》な戦術が必要なのである。

## 北京オリンピックの敗因

ＷＢＣと並ぶ野球の国際大会と言えば、オリンピックをおいて他にない。野球が公開競技だった１９８４年のロサンゼルスオリンピックから数えると、２００８年の北京オリンピックまで７回開催され、日本が金メダルに輝いたのは１回（ロサンゼルス）だけである。ソウル（１９８８年）とアトランタ（１９９６年）では銀メダルを獲得したが、プロは不参加だった。プロの参加はシドニー（２０００年）以降であり、このときが４位。アテネ（２００４年）が銅メダルで、北京が４位だった。プロが参加するようになってからのほうが成績が振るわないのだから、情けない。

もっとも期待されたのが北京オリンピックである。次のロンドン（２０１２年）から野球が正式競技から外れることもあって、注目度は俄然《がぜん》高まった。

監督は星野仙一である。コーチに選ばれたのが田淵幸一《たぶちこういち》と山本浩二。私にはどちらもコーチとしての適性や資質があるとは思えず、しかも星野と親しい間柄にあったため、「お友だち内閣」と揶揄《やゆ》した。はたして田淵や山本は、星野に対して諫言《かんげん》することができたのだろうか。良くも悪くもなれあいの関係になっていたのではないか。だとしたら、選手はついていかない。

日本が第1回・第2回WBCを連覇できたのは、日本の長所である緻密な野球、細かい野球を実践したからである。星野もこの大会で「1点を守り切る野球」を掲《かか》げた。しかし、実際にはそれとはほど遠いものだった。

私が気になったのが、たとえば予選の韓国戦である。2点を追う9回裏、無死二、三塁とチャンスをつくり、打席には阿部慎之助（巨人）。韓国は1点を失うことを覚悟し、内野は深めの守備を敷いた。このケース、何がなんでもセカンド方向に打つのが定石《じょうせき》である。ヒットにならなくても1点入り、二塁ランナーは三塁に進めるからだ。

それを確認し、徹底させる指示はベンチから出ていたのだろうか。私は出ていなかったと推察する。阿部は外角のボールに手を出し、浅いレフトフライ。後続のバッターも倒れて、宿敵韓国に対して日本野球のよさを見せることなく敗北した。つまり、ベンチはバッターがヒットを打つのを待つ以外に何もしなかったのである。

北京オリンピックにおける日本の成績は4勝5敗。予選リーグでキューバ、韓国、アメリカに敗れ、準決勝で韓国、3位決定戦でアメリカに敗れた。アメリカはマイナーリーグの選手と大学生で編成されたチームだったことを思うと、4対8という負け方は寂しい。

審判の判定、グラウンドコンディションの問題など敗北の要因はいくつも考えられるが、私は最大の敗因は「考える野球」を実践できなかったことにあると思う。

野球はピッチャーが1球投げるごとに展開が目まぐるしく変わり、状況が動く。そして、次の1球が投げられるまで「間《ま》」がある。実は、野球というスポーツの特殊性もここにある。この「間」をどう生かすかが重要なのだ。それは状況を見きわめ、次に起こることを察知し、予測してその対処を考えながら備えるための時間である。

もちろん、事前に収集したデータや、試合のなかで得たデータの分析力も問われる。それらを総合して瞬時に判断を下すのが指揮官の役割と言っていい。

しばしば「流れが味方した」「向こうに流れがいってしまった」といった言い方がされるが、流れはただ黙っていたのでは自分の側《がわ》に来ない。監督は劣勢にある場面ほど、目に見えない流れを感じ、流れを呼び込むための策を講じなければならない。

流れはたった1球、たった1打席で大きく変わってしまう。せっかく流れがこっちに来ているのに監督が無為無策であるため、それを呼び込むことができないことがある。先ほど取り上げた韓国戦の9回無死二、三塁の場面はまさにそうだろう。阿部が打席に入る場面で何を考えたか、あるいはベンチはどのような状況判断をして指示を出したのか。「考える野球」ができていたとはとても思えなかった。

日本は北京オリンピックにおいて負けるべくして負けたのだ。私にはそのように思えてならない。

**東京オリンピックを占う**

2020年の東京オリンピックでは、野球が再び正式競技として実施される。2017年、日本代表の監督に就任したのが稲葉篤紀《いなばあつのり》である。

稲葉もまた小久保裕紀と同様、プロ野球チームの監督経験はない。しかし、私は指導者としての稲葉には少なからず期待している。何も、私がヤクルトの監督をしていた頃の教え子だったからではない。稲葉には、他の野球人にはない貴重な経験があるからだ。

第2回・第3回WBCには、選手として出場。北京オリンピックの代表にも選ばれている。さらには小久保が指揮を執った侍ジャパンではコーチを務めている。こうした豊富な国際経験は、彼の無形の財産と言っていい。

「日の丸を背負ったプレッシャー」も、「国際大会で絶対に負けられない緊張感」も経験した者でなければわからない。かく言う私も、国際大会を経験したことはない。だから、稲葉でなければできない、選手へのアドバイスや教えはきっとあるはずだ。

人間的には申し分ない。現役の頃から、「クソ」がつくほどまじめな努力家だった。誰よりも練習量をこなし、野球に取り組む真摯《しんし》な態度もすばらしかった。私は、彼を叱責したことが1回もない。

また、私とは違って人望もある。なにしろ、あのイチローが「ミスターいい人」と言ったくらいで、彼の悪口を聞いたことがない。むしろ、今後は多少の老獪《ろうかい》さ、狡猾《こうかつ》さを身につけたほうがいいと思うほどだ。現役を離れ、評論家としてネット裏から野球を見た経験もプラスに働くだろう。私もそうだった。

問題は、コーチングスタッフだ。ヘッドコーチに金子誠《かねこまこと》、ピッチングコーチに建山義紀《たてやまよしのり》と、日本ハム時代の同僚を配した。さらに外野守備・走塁コーチの清水雅治《しみずまさじ》も、稲葉がいた時期の日本ハムでコーチをしていた。言うなれば「お友だち内閣」である。

稲葉は、コーチを発表する記者会見で次のように述べている。

「『仲よしチーム』と呼ばれるのは覚悟のうえです。おたがい言いたいことはしっかり言える関係にあるので、緊密にコミュニケーションを取って東京オリンピックで金メダルを目指します」

明らかに、北京で惨敗した星野を意識した発言である。自分は同じ轍《てつ》を踏まないという意思表示だと私は感じた。

ところで、もし稲葉が監督就任を辞退していたら、誰に白羽《しらは》の矢が立っただろうか。周囲に敵の多い落合が候補に挙がることはもうないだろうし、本人も固辞するはずだ。では、原か、中畑清《なかはたきよし》か、伊東勤か……。残念ながら、現在の12球団の監督を見渡しても、40代から60代の野球人のなかに、これはと思う人材はいない。名監督、名将と呼びたい人物がひとりもいないのだ。私はそんなプロ野球界の現実が何よりも嘆《なげ》かわしい。

第5章

# 名将と敗将を分けたもの

## 三原マジックの消費期限

私がプロの世界に身を投じた頃の名将と言えば、三原脩さん、水原茂さん、私の南海時代の恩師でもある鶴岡一人さんの3人だった。

3人に共通するのは、在任期間の長さである。三原さんは巨人、西鉄、大洋、近鉄、ヤクルトと5球団を渡り歩き、26年。水原さんは巨人、東映（現・北海道日本ハムファイターズ）、中日の3球団21年、鶴岡さんは南海一筋23年である。

今の時代では考えられない長さだ。21世紀以降で監督在任が長かったのは巨人の原辰徳だが、それでも12年間である。中日で監督を務めた落合博満が8年だ。

当然だが、三原、水原、鶴岡の3人はリーグ優勝の回数も多い。一番多いのは鶴岡さんの11回、水原さんが9回、三原さんが6回で続く。しかし、このなかで日本シリーズという短期戦で無類の強さを発揮したのは三原さんである。日本シリーズには5回出場（1リーグ制時代の1949年に巨人監督として優勝）して4回優勝。勝率だけなら、川上哲治さんや森祇晶に匹敵する。

三原さんの球歴でもっとも輝かしいのは、1956年から3年連続で水原さん率いる巨人を破ったことだろう。これにより名声は一気に高まり、「知将」の異名が定着した。しかし、私は三原さんの知将ぶりが遺憾なく発揮されたのは、１９６０年の大洋の優勝だったと思う。

三原さんは、西鉄で3年連続日本一になりながら辞めたのにも驚かされたが、次に監督に就任したのが、前年最下位で当時セ・リーグの〝お荷物球団〟とされていた大洋というのも衝撃だった。この弱小チームをいきなりリーグ優勝、そして日本一へと導いたのだ。

2リーグ制以後、前年最下位からの優勝はこのときの大洋、１９７５年の広島、１９７６年の巨人、２００１年の近鉄、２０１５年のヤクルトの5球団しかない。このうち、日本シリーズに勝ったのは三原さんの大洋だけである。

三原さんはシーズン中から「三原マジック」とも言われた独創的な采配が冴《さ》えわたった。

たとえば、ショートの守備に難があった麻生実男《あそうさねお》の打撃を生かすために代打に専念させる。プロ野球で「代打男」の呼び名を定着させたのは、この麻生である。また、相手の先発ピッチャーが読めないときには（予告先発はパ・リーグは１９９４年、セ・リーグは２０１

2年から導入)、控え選手やピッチャーをオーダーに入れる「当て馬(偵察オーダー)」も用いた。

投手起用においてワンポイントリリーフを導入したのも、三原さんである。たとえば、アンダースローのエース・秋山登《あきやまのぼる》が苦手の左バッターを迎えると、秋山にいったん外野を守らせ、救援の左ピッチャーがアウトを取ったあとに再び秋山をマウンドに戻す戦法だ。相手打線の目先を変えるために先発が2〜3回投げ、二番手に主力ピッチャーが登板し、そのまま投げ切るという手もよく使った。

こうした機略縦横の采配がズバズバ当たり、大洋は1点差の試合に34勝17敗という無類の強さを発揮した。これが逆に17勝34敗だったら、最下位の国鉄(現・東京ヤクルトスワローズ)すら下回っていた。まさに、「知将」と呼ぶにふさわしい。弱者が強者に勝つには奇策や奇襲で相手を翻弄《ほんろう》・攪乱《かくらん》するしかないと考えたのかもしれない。

日本シリーズの相手は、監督1年目の西本幸雄さんが指揮する大毎だった。下馬評では〝ミサイル打線〟を擁する大毎の圧倒的な優位だったが、大洋は大毎をすべて1点差勝ちで退け、見事4連勝。大毎の守備の破綻《はたん》や走塁ミスに助けられた面があったとはいえ、鮮《あざ》やかな日本一達成だった。

象徴的だったのは第1戦だ。先発の鈴木隆《すずきたかし》が一死一、二塁のピンチを迎えると、早くもエースの秋山に交代。秋山はそのまま最後まで投げ切り、1対0で勝利。第4戦も先発の島田源太郎《しまだげんたろう》を5回途中で見限ると、やはり秋山に代えて1対0で日本一を決めている。

このシーズンの大洋躍進の大きな要因が、大胆な三原采配にあったのは確かである。しかし、奇策やマジックはいつでも通用するわけではない。翌年、大洋は最下位に沈む。そして、三原さんはこの年を最後に13年間、リーグ優勝さえできなかった。

## 三原脩をまねた仰木彬

私は常々《つねづね》「野球は頭が8割、残りの2割が体力と技術のスポーツである」と言ってきた。野球は1球投げては休憩、1球投げては休憩が繰り返される。こんなスポーツは他になく、私はこの間《ま》を次のボール、次のプレーについて考え、備えるための時間だと思っている。要するに「考える野球」の実践なしに勝利はないというポリシーである。

これに対し、「野球は実力5、運3、調子2だ」と言ったのが三原脩さんである。「実力

5」「調子2」はわかる。実力なしにレギュラーの座はつかめないし、どんな一流選手にも好不調の波はある。それを的確に見きわめて選手起用を考えるのは、監督の重要な仕事である。

三原さんらしいなと思うのは、「運3」だ。つまり、選手ひとりひとりが持っている運を大事にしたわけである。三原さんは運があると判断した選手はどんどん使った。当然、打順はコロコロ変わる。西鉄のように戦力が十分整《ととの》ったチームと違い、一流選手の絶対数が足りないチームを率いる場合、相手ピッチャーに合わせてスターティングメンバーを変えるくらいは当然だと考えたに違いない。

三原さんは、選手の運や調子を見抜くだけでなく、選手を暗示にかけ、その気にさせるのも抜群にうまかった。相手の選手はボロクソにけなすいっぽう、味方の選手は徹底的にほめた。そして、殊勲打を放ったバッターや、ピンチで見事に後続を断《た》ったピッチャーには、ベンチを出て抱きつかんばかりに迎えた。自宅や料亭に選手を呼び、酒席を共《とも》にすることも多かったと聞く。

三原さんは「知将」と呼ばれ、クールで理知的なイメージが強いが、実は、三原采配の本質は「情」にあったと思う。この監督術をそっくりまねたのが、仰木彬である。

仰木は、三原さんが西鉄監督を務めた時代に二塁手として活躍、三原さんが近鉄監督のときには守備走塁コーチを務めた。師と仰《あお》ぐ三原さんの監督術を身につけるのは当然だろう。

仰木は近鉄監督を経《へ》て、オリックスの監督になってからは、ますます三原采配に似てきた。特にスターティングメンバーである。一番に座ったイチローだけを固定し、あとは選手の調子や相手ピッチャーとの相性を考えて、打順を目まぐるしく変えた。前日八番を打ったバッターを四番に据えるくらいはあたりまえ。まさに〝猫の目打線〟である。

仰木も選手をのせるのが巧《たく》みだった。イチローや野茂英雄《のもひでお》といった個性的な選手に慕《した》われたところなど、三原さんと稲尾和久や中西太さんとの関係によく似ている。仰木もまた采配の奥に「情」を宿した監督なのだ。

すこし上を見ながら気取ってベンチに出てくるところ、しかも選手交代や抗議に向かうときにはわざと遅れて登場し、相手を焦《じ》らすところも三原さんにそっくりである。

仰木は近鉄、オリックスで14年間監督を務め、リーグ優勝３回、日本一も１回。１９９

5年には私が率いたヤクルトと対戦したが、シリーズ前には「野村ＩＤ野球vs.仰木マジック」などと騒がれたものである。当然、舌戦《ぜっせん》を繰り広げた。私が、

「野球は頭でするもの。マジックなんてしょせんイチかバチかの勘が頼りの采配。そんな野球に、ＩＤ野球が負けるわけにはいかない」

と、挑発すれば、仰木も応酬した。

「昔から、よく言うじゃないですか。『弱い犬ほどよく吠える』って。言わせたい人には言わせておけばいい」

しかし、これは日本シリーズを盛り上げるための演出である。おたがいにわかってやっていた。仰木は現役時代からよく知る仲であり、1992年に私が日本シリーズで西武と戦った際には、仰木に西武選手のデータを提供してもらったこともある。

私と仰木は、学年もプロ入りも同じ。あいつがあの世に逝《い》って、すでに10年以上の歳月が流れた。寂しさを感じないわけにはいかない。

## 勝負師・水原茂の不運

日本シリーズが始まってまもない1950年代後半、「巌流島決戦《がんりゅうじま》」と呼ばれた対決があった。〝魔術師〟三原脩さんと〝勝負師〟水原茂さんの戦いを、剣豪・宮本武蔵《みやもとむさし》と佐々木小次郎《ささきこじろう》の決闘にたとえたのだ。しかも、三原さんは水原さんの復員と同時に、巨人監督を追われるようなかたちで退任した過去があるだけに、この対決は盛り上がった。

2000年の日本シリーズにおける王と長嶋の対決もこれに近いが、こちらはどこか和《なご》やかなムードだった。三原対水原の戦いには、ただならぬ緊迫感があった。

両者は1956年から3年連続で顔を合わせ、3回とも三原さん率いる西鉄が制している。3年間の通算戦績は西鉄の12勝5敗1分けだから、圧勝と言っていい。

水原さんの敗因は、稲尾和久という絶対的エースの存在に尽きると思う。最初の対決となった1956年は稲尾が先発にリリーフにとフル回転し、西鉄が4勝2敗。翌年も稲尾が2完投の活躍で4連勝。長嶋が巨人に入団した1958年は、西鉄が3連敗からの4連勝と奇跡の逆転勝ちだった。このときも、稲尾は7試合中6試合に登板。しかも5試合に先発し4完投したのだから、スーパーマン級の働きである。

私も長い間プロ野球を見てきたが、ナンバーワン投手をひとり挙げろと言われたら、迷うことなく稲尾を挙げる。伸びのある快速球と、切れ味鋭いスライダーとシュート。さらに抜群の制球力を備え、相手バッターの狙いを察知する頭脳がある。スタミナも並外れている。これほど攻略するのが難しいピッチャーもいないだろう。

そんな絶対的エースの全盛期に当たったのが、水原さんの不運だったのである。水原さんは巨人監督時代の1959年、やはり最盛期の杉浦忠と当たり、南海に4連敗を喫している。相手が悪かったとしか言いようがない。

水原さんは、巨人と東映の監督時代に日本シリーズに9回出場して5回優勝。つまり、稲尾がいた西鉄、杉浦がいた南海との対戦を除けば、5回出て5回ともシリーズを制しているのだから、さすがである。「勝負師」との看板に嘘偽《うそいつわ》りはない。

水原さんが指揮を執った巨人は、川上さん、千葉茂《ちばしげる》さん、青田昇《あおたのぼる》さん、別所毅彦さんら一筋縄《ひとすじなわ》ではいかない個性的な選手が揃っていた。そうした扱いの難しい選手の才能を生かしながら、チームとしてまとめた手腕は、もっと評価されるべきだろう。指導力に加え、カリスマ性を持った監督だった。

同時に、プロ野球に新しい風を吹かせた人でもある。右ピッチャーには左バッター、左ピッチャーには右バッターを並べて打線を組むツープラトンシステムの導入や、先発ローテーションの確立も、水原さんが最初だった。

さらにメジャーに学び、ブロックサインを取り入れたのも水原さんである。私はオープン戦で対戦し、しきりにユニフォームをさする水原さんを見たとき、最初は何をしているかまったくわからなかった。「キザな人だな。何をカッコつけているのだろう」と思ったくらいだ。

もうひとつ忘れてはいけないのは、水原さんがキャッチャー重視の野球を早い時期から目指していたことだ。

１９５０年代の巨人の正捕手と言えば、藤尾茂さんである。強打で鳴らし、五番、六番を打ったこともあった。しかし水原さんは、早い時期から森祇晶（当時・昌彦《まさひこ》）を買っていた。とりわけ頭脳明晰《めいせき》なインサイドワークを評価し、１９５９年、藤尾を外野にコンバート。正捕手に入団5年目の森を大抜擢《だいばってき》したのだ。

これが大英断であったことは歴史が証明している。これ以降、森はＶ９時代を含めた16

年間、巨人投手陣の女房役として君臨した。

### 川上哲治の強さの秘密

水原さんのあとを継いで巨人の監督になったのが、川上哲治さんである。監督在任14年間で11回のリーグ優勝を遂げ、日本シリーズでは1回も負けなかった。このなかには、もはや伝説と言うべき9年連続日本一が含まれる。短期戦においても、無類の強さを誇ったのだ。そんな川上さんを日本のプロ野球史上最強の監督とする声に、私も異論はない。

川上さんの監督としての実績に対して「あれだけの戦力があれば、誰が監督をやっても勝てるよ」と、批判的に言う人がいるが、本当にそうだろうか。

仮にも通算24年間監督を経験した人間として言わせていただくのだが、いくら戦力があっても2年や3年ならともかく、9年連続日本一などまず不可能である。

黄金時代の西武は1982年から1994年までの13年間で11回、リーグ優勝した。このうち日本一は8回。しかし連続となると3年止まりである。私自身はヤクルト監督時代に３回日本一になったが、連覇は１回もない。だからヘボ監督なのである。

人間というのは勝てば調子に乗る。好結果が続けば続くほど、傲慢《ごうまん》になるし、天狗《てんぐ》にもなる。たいていの選手がそうだ。一言《ひとこと》注意しても、「そんなことはとっくにわかっていますよ」という顔つきと態度になっていく。露骨に嫌な顔をする選手もいる。

私が率いたヤクルトも日本一になると、それだけで安堵《あんど》してしまうようなところがあった。自分たちは強いと錯覚する選手もいる。そこに隙《すき》や気の緩《ゆる》みが生まれ、翌年は成績が降下するということの繰り返しだった。

しかし、勝ったときこそ、あえて厳しい苦言を呈《てい》し、選手を次の勝利に向かわせるのが監督の手腕である。それができなければ、組織はマンネリ化し、停滞する。つまり、チームが好結果を残しているときほど、監督は選手に厳しく接しなければいけないし、耳に痛いことも言わなければならない。「良薬口に苦《にが》し」と言うではないか。

川上さんは、まちがいなくそれができた人だ。日本一になっても浮かれることなく、翌日には、その栄光を捨てることができたに違いない。達成した瞬間、それは過去のことであり、すでに次の戦いが始まっていると、頭を切り換えられたのだ。

選手も、そんな川上さんの指導に従った。選手全員が日本一をゴールではなく、新しいスタートラインと考えることができたのだろう。

それを可能にしたのが、第1章で述べた「人間教育」である。「人間とはなんのために生きるのか」「真の強さとは何か」などを教えたらしい。これがV9戦士の精神的な土台となったのである。

## 今も通用する、60年前のドジャース戦法

川上さんの圧倒的戦績を支えた要因のひとつが、王貞治、長嶋茂雄のON砲である。毎年のように、2人で三冠部門の打撃タイトルを独占したのだから、これは強力だ。

しかし、ONに匹敵する三、四番コンビの例は他チームにもある。広島の山本浩二と衣《きぬ》笠《がさ》祥《さち》雄《お》、西武の清原和博と秋山幸二、阪神のランディ・バースと掛《かけ》布《ふ》雅之《まさゆき》、近鉄のタフィ・ローズと中村紀洋、ソフトバンクの小久保裕紀と松中信彦……。しかし、いずれのチームも、ONを擁したV9巨人に匹敵する成績は残していない。

2004年の巨人（堀内恒夫監督の1年目）のように、高橋由伸《たかはしよしのぶ》、タフィ・ローズ、清

原和博、江藤智《えとうあきら》、小久保裕紀、ロベルト・ペタジーニと長距離砲ばかり並べた打線もある。史上最多となる259本のチーム本塁打を放ったが、日本一どころか、リーグ優勝もできなかった。

V9打線は、ONを除けば意外に地味だ。柴田勲、土井正三、高田繁、黒江透修、森祇晶と、長打よりチームバッティングで貢献する野手が揃っていた。

当時の巨人の戦い方の基礎となったのが、ドジャースのコーチ、アル・カンパニスが著《あらわ》した『ドジャースの戦法』（内村祐之訳、ベースボール・マガジン社）だった。1950年代、戦力の乏《とぼ》しいドジャースが、なぜ毎年のように優勝争いをすることができたのか、その戦術が詳細に書かれている。

このドジャース戦法を簡単に言えば、バントやヒットエンドラン、盗塁など機動力を用いて着実に点を取り、バントシフトやカバーリングなどのチームプレーを駆使した固い守備で少ない得点を守り切る野球である。

たとえば、一番バッターの役割は塁に出ることが最優先であり、そのためにはゴロを打つことが求められる。内野にゴロが飛べば、クリーンヒットにならなくてもボテボテの内野安打や相手のエラーでの出塁の可能性があるからだ。塁に出たら、リードを大きく取ってバッテリーを揺さぶり、一塁手をベースに釘づけにする。これで一、二塁間が空けば後続のバッターのヒットの可能性は高まるわけだ。

今ではあたりまえの野球だが、それまでの日本の野球はクリーンアップが打てば勝つ、エースが抑えれば勝つという選手個々の能力に頼った野球だった。川上さんはこれを否定し、「フォア・ザ・チーム」の野球を徹底したのだ。

もうおわかりと思うが、ドジャース戦法とは、日本野球が得意とするスモール・ベースボールのことである。それが短期戦で有効なことは、侍ジャパンが第1回・第2回WBCを連覇したことで実証ずみだ。

川上さんが日本シリーズに強かった要因のひとつが、こうした短期戦向きの戦術を他球団に先駆けて取り入れていたからである。

## 〝一流企業の部長〟森祇晶

「財を遺《のこ》すは下《げ》、事業を遺すは中《ちゅう》、人を遺すは上《じょう》なり」

近代日本の礎《いしずえ》を築いた政治家・後藤新平《ごとうしんぺい》によるもので、私が好きな言葉のひとつだ。財産や業績を残すより、人材を残すことこそもっとも高い価値があるということだが、この点においても、川上さんは抜きん出ている。

広岡達朗さん、長嶋茂雄、森祇晶、王貞治、土井正三、高田繁、堀内恒夫と、これまで何人もの川上門下生が、監督を務めてきた。このなかで、広岡さん、長嶋、森、王は日本一に輝いている。４人でリーグ優勝21回、日本一13回を達成しているのだから、川上さんの偉大さがわかる。

川上さんの一番弟子とも言えるのが、森である。西武の黄金時代を築き、リーグ優勝８回、日本一６回と、川上さんに次ぐ実績を残している。

森は私と同世代、しかも同じキャッチャーというポジションであるため、比較されることも多かった。データを重視し、考える野球を目指したところも似ている。しかし、森と私ではまったくタイプが違うのも事実だ。私は、森との違いをこんな比喩を使って説明することがある。

「森が目指したのは一流企業の部長のような野球。私がやったのは小さな町工場のオヤジさんのような野球」

森は現役時代、正捕手としてV9巨人を陰で支え、西武の監督となってからも十分に整備された戦力を巧みに使いこなし、勝つべくして勝つ野球をやった。言わば、ミスの少ない、慎重に慎重を重ねた安全な野球だ。川上さんと同じ「負けない野球」であり、それが日本シリーズでも生きた。しかし、戦力があるからといって誰もができることではなく、そこには高度な管理能力や統率力や分析力が求められる。

いっぽうの私は、南海で兼任監督をしている頃から、貧弱な戦力をなんとかやりくりしなければならなかった。ヤクルト、阪神、楽天はいずれも私が監督を引き受けた前年はBクラス（阪神、楽天は最下位）だった。だから、選手全員にID野球を一《いち》から叩き込み、他チームをお払い箱になった選手の再生に手を尽くしたのである。

つまり、小さな町工場の社長がリスク覚悟でアイデア勝負をしたり、その日の手形をどう落とすかで四苦八苦したりするのと似ている。

どっちが優れていると言いたいのではない。森には森に向いたチームがあり、私には私に向いたチームがあったということだ。おそらく、私が強かった時期の巨人や西武の監督になっても、選手をまとめ、チームを機能させるのは下手だったと思う。

逆に、森は弱小チームを率いるタイプの監督ではない。それは、２００１年から横浜の監督を務めた2年間の成績を見れば明らかだ。3位と最下位。弱小チームを立て直すことはなく、権藤博のもとで自由奔放にプレーしていた選手たちの意識を改革することはできなかった。選手が、森の管理野球を拒否したらしい。

とりわけ、正捕手だった谷繁元信《たにしげもとのぶ》との不仲は深刻化し、２００１年のオフに谷繁はフリーエージェントで中日に移籍。これが翌年の最下位の最大要因にもなった。巨人や西武で成功した手法が、すべてのチームで通用するわけではないということだ。

それでも、私はライバルとして森を羨《うらや》ましいと思うことがある。

西武監督時代の教え子の多くが監督となって、実績を残しているからだ。伊東勤、渡辺久信、田辺徳雄、石毛宏典、秋山幸二、工藤公康、森繁和、辻発彦……。いずれも名将と呼ぶには時期尚早《じきしょうそう》だが、伊東、渡辺、秋山、工藤の4人は日本一に輝いた。森のもとで強いチームづくりのノウハウや勝ち方の術を学んだ経験は大きいのだろう。

それに対して、私が指導したなかで日本一になったのは、古葉竹識と若松勉《わかまつつとむ》の2人しかいない。

古葉は、私が南海で兼任監督をしていた時期に選手として2年、コーチとして2年働いてくれた。その後、広島監督として4回のリーグ優勝と3回の日本一に輝いた。しかし、選手として接した時間の短さを考えると、私の教え子と呼ぶには口はばったい。

いっぽう、ヤクルト監督時代の最後の2年間、球団から「後継者に」と頼まれ、私の隣に座らせて英才教育をしたのが、若松である。彼はその後、外野手出身監督としてはじめて日本一になったが、私とはあくまで監督とコーチの関係でしかない。

ヤクルトで私が指導した選手で監督になったのは、まだ古田敦也と真中満《まなかみつる》の2人だけである。古田は監督として満足な成績を残せず(3位と最下位)、真中は3年間ヤクルトの監督を務め、リーグ優勝が1回。しかし、日本一にはなれなかった。

稲葉篤紀も私が指導したひとりだが、前述のように侍ジャパンの監督に就任した。当面は2020年の東京オリンピックでの金メダルが目標だが、彼が12球団のどこかの監督となった姿も見てみたい。

現在、ヤクルトのヘッドコーチを務める宮本慎也《みやもとしんや》と、評論家活動をしている山﨑武司も私が監督として期待する教え子だ。ともに、確かな野球の知識や理論を持っているし、指導者としても能力を発揮するタイプである。

ただし、どちらも処世術は下手である。宮本など、誰に対しても平気で辛辣《しんらつ》なことを言う傾向がある。そこは私と似ているのだが、だからこそ、ぜひ監督となってほしい。

## 鶴岡一人は名将か、凡将か

私の恩師でもある鶴岡一人監督は歴代1位の通算1773勝、通算勝率・609の記録でも知られる大監督である。しかし、川上監督時代の巨人と3回戦って3回敗れた。今思えば、私には負けるべくして負けたような気がしてならない。

鶴岡さんの野球を一言《ひとこと》で言えば、軍隊式の精神野球である。戦争中は200人の部下を率いる中隊長を務めて、そこで指揮官としてのあり方を学んだという。鶴岡さんに限らず、昔の野球界に多かったタイプである。

ことあるごとに「気合だ！」「根性だ！」「体ごとぶつかっていけ！」と言っていたし、「終わりよければすべてよし」という典型的な結果論野球だった。

たとえば、こんなことがあった。俊足のバッターが外野の間を抜く打球を放ち、二塁を回り、三塁を陥《おとしい》れようとすると、鶴岡さんは「バカたれ、バカたれ」とベンチで怒鳴る。ところが、間一髪セーフになると、「よし、よし、よくやった」である。

私も中西太さんに逆転ホームランを打たれて、鶴岡さんに怒られたことがある。

「何を投げさせた？」

「まっすぐです」

「バカたれ！」

私はそこで反省し、再び一打逆転の場面で中西さんを迎えると、2ストライクからの勝負球にカーブをピッチャーに要求した。ここでもホームラン。ベンチに戻ると、真っ赤な顔で待ちかまえていた鶴岡さんが、

「何を投げさせた」

と聞いてくる。私が正直に答えると、やはり「バカたれ！」としか言わない。私は意を決し、尋ねた。

「ああいう場面では、どんなボールを投げさせるべきでしょうか」

鶴岡さんは「しっかり勉強せい！」と言っただけだった。あきれて反論する気にもなれなかったが、このとき私は悟《さと》った。配球は人に聞くのではなく、自分で勉強するしかないのだと。つまり、鶴岡さんの精神野球は私の反面教師なのだ。

鶴岡さんは、めったにミーティングをしなかった。日本シリーズでも、それは変わらない。理論に裏打ちされたドジャース戦法で手堅く点を重ねる川上野球と、結果オーライの鶴岡野球。どちらが短期戦に強いかは明白である。

しかし、私は鶴岡さんを監督として否定するつもりはない。その戦績が示す通り、一時代を築いた名将である。

見た目にも、これほど監督らしい威厳や風格が備わっていた人はいない。練習していても、鶴岡さんがいないと、選手たちは気が緩《ゆる》むようなところがあったが、鶴岡さんが姿を見せたとたん、グラウンドの空気がピーンと張り詰めた。そこにいるだけで「真剣にやらなければいけない」と、選手全員に思わせる迫力があった。現在、こんな監督は12球団を見渡してもひとりもいない。

また、鶴岡さんが優れていたと思うのは、今で言うゼネラルマネージャー（選手の獲得、契約金の査定などを担当する編成部のトップ。監督より上位に位置するが、現場での指揮は執らない）的な役割を担《にな》っていたことだ。

アマチュア球界、特に大学野球界に豊富な人脈を持ち、蔭山和夫《かげやまかずお》さん、穴吹義雄《あなぶきよしお》さん、杉浦忠らスター選手を続々と入団させた。長嶋茂雄も鶴岡さんの尽力で南海と契約直前までいっていたのは、前述の通りである。

選手を見る目も確かだった。私だけでなく、岡本伊三美《おかもといさみ》さん、飯田徳治《いいだとくじ》さん、広瀬叔功ら無名だった選手の才能を見抜き、一人前に育てた。

選手の起用もきわめて公平である。鶴岡さんには特定の選手をかわいがる傾向があるため、理屈っぽく、暗い印象の私は煙《けむ》たがられた。はっきり言えば、好かれていなかった。しかし、だからといって干《ほ》されることはなく、ずっと正捕手として使い続けてくれた。私の今日《こんにち》があるのも、まちがいなく鶴岡さんのおかげである。

## 投手と外野手出身に名監督なし

野球というのはおもしろいスポーツで、各ポジションによって人間性や個性が形成される面がある。つまり、「ポジションが人をつくる」。ここで、私が観察してきたポジション別の人間性をわかりやすく説明しよう。

宴会が行なわれる旅館の大広間の前に、スリッパが乱雑に脱ぎ捨てられている光景を想像してほしい。平然と、その上にスリッパを脱いで入っていくのがピッチャーである。内野手は若い選手に片づけるように指示する。外野手はすこし離れたところにスリッパを脱ぐ。スリッパをすべてきれいに並べてから入るのがキャッチャーだ。

ならば、監督という職業に、どのポジションの出身者が向いているかわかるだろう。

もちろん、キャッチャーである。次に向いているのが内野手だ。かつては、内野手出身監督に名監督が多かった。三原脩さん、水原茂さん、鶴岡一人さん、川上哲治さん、みんな内野手出身である。

しかし1974年以降、この傾向に変化が起こる。1974年は巨人の9連覇が終わった翌年である。1965年にスタートしたドラフト会議の影響もあって、まがりなりにも12球団の戦力が均衡し始め、群雄割拠《ぐんゆうかっきょ》の時代になりつつあったのである。そこで台頭《たいとう》したのが、キャッチャー出身の監督だった。

1974年から2017年までの44年間、日本一になった監督を出身ポジション別に見てみよう。

ピッチャー　8回
キャッチャー　13回
内野手　19回
外野手　4回

実に、キャッチャー出身者と内野手出身者だけで7割以上を占めている。

私は、キャッチャー出身の監督に日本一が多いのは当然だと思っている。キャッチャーだけがバックネットに背を向け、グラウンド全体を俯瞰《ふかん》できる位置にいる。そして、ピッチャーの配球を考える。キャッチャーのサインひとつで試合展開は大きく動くのだ。

さらに、相手チームの作戦も考えなくてはいけない。たとえば、無死一塁の場面。バントか、盗塁か、強硬策か。監督の性格まで読まなければいけない。打順や控えの選手の顔ぶれも頭に入れ、常に一歩先、二歩先を考えるわけで、監督の分身と言ってもいいだろう。だから、キャッチャー出身者が監督になると、勝率は高くなるわけだ。

数だけを見れば、キャッチャー出身者よりも内野手出身者のほうが多いが、内野にはポジションが四つあるのだから、これは当然だろう。

それでも、内野手は外野手に比べれば、はるかに頭を使う。連携プレーを行なう必要があり、バッテリーの配球によって、臨機応変に守備位置を変えることが求められる。

これに対し、外野手は前に守るか、うしろに守るか、考えるのはその程度だ。しかも、指示はたいていベンチから出るので、それに従いさえすればいい。1試合に1回も打球が飛んでこないことさえあるし、昔は守備位置でのんきにイメージバッティングを繰り返している選手さえいた。

日本語で「外野」と言えば「部外者」という意味もあるが、野球における外野もまさにそのようなポジションなのだ。監督になったからといって、おいそれと頭を使った野球ができるはずがない。

ピッチャー出身者に名監督が少ない理由もわかりやすい。ピッチャーはいわゆる〝お山の大将〟であり、自分のことしか考えない。小さい頃からエースで四番。周囲から持ち上げられて野球をやってきたから、チーム全体に目を行き届かせるようなことはない。

さらに、あの高いマウンドも人間形成に関与しているような気がする。九つあるポジションのうち、ただひとり高い場所から他の選手を見下ろしているのだ。しかも、常に見ているのはバッター中心の風景。視野が狭くなって当然である。こうしたポジションの選手が、監督に向いているはずがない。

ピッチャー出身者で日本一に2回以上なったのは、巨人の藤田元司さんしかいない。藤田さんはピッチャーにしては珍しく思慮深く、自分に厳しい方だった。さすが川上さんが認める指導者だっただけのことはある。しかし、藤田さんはあくまで例外的存在だ。

だから、私は常々こう言っている。「外野手出身者とピッチャー出身者に名監督なし」と。

## 評価が分かれる、知将・上田利治

キャッチャー出身の監督で日本一になったのは森祇晶（6回）、上田利治（3回）、私

（3回）、伊東勤（1回）の4人である。

　このなかで、現役時代に目立った実績がないのが、上田である。上田は関西大学では村《むら》山実《やまみのる》とバッテリーを組み、卒業後は広島に入団。しかし、肩の故障もあって3年しかプレーしていない。広島のコーチ、野球評論家を経《へ》て当時、阪急の監督だった西本幸雄さんの門を叩くのだが、なぜ西本さんだったのか、詳しい事情を私は知らない。おそらく、上田なりに、西本さんに心酔するところがあったのだろう。

　1974年、西本さんが阪急の監督を辞任すると、上田は37歳の若さで監督となる。西本さんの推薦もあったようだ。そして、監督就任2年目の1975年から、日本シリーズ3連覇を含むリーグ4連覇をはたし、阪急の黄金時代を築き上げた。途中2年のブランクを経て、阪急（1989年からオリックス）監督を15年、さらに日本ハム監督を5年務めた。

　監督生活20年で最下位は1回もなく、リーグ優勝5回、日本一3回。南海の監督だった私とは何度も戦った仲で、ベンチで自ら大きな声を出して陣頭指揮を執った姿をよく覚えている。いわゆる熱血漢である。

同時に、勉強熱心で、貪欲《どんよく》に野球の知識を学んだ知略の人でもあった。特に、阪急に在籍したダリル・スペンサーから学んだものは大きかったように思う。スペンサーはピッチャーのクセを盗み、バッテリーの配球の傾向を読むことに長《た》けていた元メジャーリーガーである。その野球知識には、私も一目《いちもく》置いていた。

そんな上田を語るうえで欠かせないのが1978年、広岡達朗さん率いるヤクルトとの日本シリーズだ。

3勝3敗で迎えた第7戦の6回裏、ヤクルトの大杉勝男《おおすぎかつお》が左翼ポール際に放った打球がホームランと判定され、上田は烈火のごとく怒った。その猛抗議は、実に1時間19分にもおよんだが、判定が覆《くつがえ》るはずはない。

試合再開後、ヤクルトは続くチャーリー・マニエルもホームラン。8回裏には大杉が2打席連続のホームランを放って勝負は決まった。上田はこの年のオフ、4連覇を逃した責任を取って監督を辞任している。

それにしても、なぜ上田はあそこまで執拗《しつよう》に抗議する必要があったのか。選手にハッパをかけるという意図があったとしても、1時間を超える抗議は長すぎる。そもそも、スタンドに詰めかけたファンを無視した行為である。

野球は人間と人間が競い、闘うスポーツだ。そこに、感情や心理的要素が働くのはいたしかたない。しかし、怒りにまかせて自分を失ったほうが負けである。話はすこし逸《そ》れるが、私が打席に立ったバッターに〝ささやき戦術〟を使ったのも、相手の心を動揺させることが目的だった。計算ずくで相手をカッカさせたのであり、そうした精神状態に陥《おちい》ったバッターが快打を放つことはまずなかった。

監督も同じである。審判のジャッジがまちがっているからと執拗に抗議しても得することは何もない。せいぜい退場させられるだけだ。幸い、このときの上田は退場にはならなかったが、もし退場させられていたら、それは私に言わせれば職場放棄である。

本来なら、上田は名監督のひとりに数えたい野球人である。しかし、熱くなって自分を忘れる一面があった。そこが惜《お》しい。勝負は感情的になったほうが負ける。これは指揮官が肝《きも》に銘《めい》じるべき鉄則だ。

## 非情采配・落合博満の魅力

数ある日本シリーズの試合で、強烈なインパクトを与えたのが２００７年の中日対日本ハムの第５戦だろう。

３勝１敗と日本一に王手をかけていた中日は、８回を終えて１対０とリード。しかも、中日の先発・山井大介《やまいだいすけ》は８回までひとりのランナーも許していなかった。ピッチャーの夢である完全試合が、日本シリーズという大舞台で、しかも日本一がかかった試合で実現しようとしていたのだ。

日本シリーズでは過去、完全試合はおろかノーヒットノーランが記録されたこともない。そんな大記録と日本一達成まで、あとアウト三つ。しかし、監督の落合博満はベンチを出ると、山井を交代させ、リリーフエースの岩瀬仁紀《いわせひとき》を９回のマウンドに送った。その瞬間、ナゴヤドームが異様な雰囲気に包まれたのを、私も覚えている。

だが、落合は顔色ひとつ変えることがなかった。登板した岩瀬も冷静だった。13球で３人を料理し、中日は53年ぶりの日本一に輝いたのである。山井の交代については賛否両論あった。私は何度も同じ質問を受けた。

「ノムさんだったら、あの場面どうしますか？」

私だったら、もちろん山井の続投を選択する。ヒットを許すまで山井を代えない。こんな世紀の大記録、100年に1回あるかないかだ。私自身がこの目で目撃したいと思うはずである。しかし、いっぽうで落合の判断を否定はしない。記録か、勝利かの選択において、落合は情に流されることなく勝利の道を選択したのである。この決断力こそ、落合の魅力だ。

川上さんだったら、どうしただろう。案外、落合と同じ選択をしたのではないかという気もする。なぜなら、川上さんも非情になれる人だったからだ。日本シリーズではないが、シーズン中に次のようなことがあったと聞いている。

巨人はエースの堀内恒夫が先発し、5回表まで9対0と大量リード。ところが、堀内のピッチング内容がピリッとしない。5回裏、一死後に四球を連発して満塁になると、川上さんはマウンドに行くや堀内からボールをもぎ取り、ピッチャーの交代を告げたという。

非情に徹することは監督に不可欠な要素であり、その点においてまったくブレないのが川上さんと落合だった。では、川上さんはなぜ日本シリーズで強く、落合は日本シリーズでは結果を残せなかったのか。

落合・中日は2007年にセ・リーグの2位チームとしてCSに5連勝すると、日本シリーズでも4勝1敗。必ずしも短期戦に弱いとは思えない。ところが、それ以外に出場した残り4回の日本シリーズでは、勝てなかった。

あえて、その理由を挙げれば、落合が短期戦に弱いというより、パ・リーグ球団がセ・リーグ球団より強いからではないだろうか。

セ・パ交流戦におけるパ・リーグの強さはよく言われるところだが、交流戦が始まった2005年から2017年までの日本シリーズも、パ・リーグが10勝3敗とセ・リーグを圧倒している。こうなると、指名打者制や球場の広さ、さらに強いチームづくりに向けた長期戦略など、監督の采配以前の問題になってくる。

巨人を球界の盟主としたセ・リーグ中心の時代は、とっくに終わっているのだ。

# 第6章

# 真に強いチームとは

## 強くなるも弱くなるも、編成部しだい

2001年の夏だった。阪神監督に就任して2年目の私は、当時の阪神オーナー・久万《くま》俊二郎《しゅんじろう》氏にホンネをぶつけたことがある。

「阪神が低迷している最大の要因はあなたです。なぜなら、組織はリーダーの力量以上には成長しないからです」

ここまで手厳しい表現をしたのは、当時の阪神がチームの補強にお金を使おうとしなかったからだ。「エースと四番を獲《と》ってください」という私の要望をいっこうに聞こうともせず、ドラフト戦略も消極的だった。

当時のドラフトは逆指名制度を採用していたため、資金力とスカウト力さえあれば、大学生、社会人の即戦力選手を獲得することが可能だった。ところが、阪神は他球団と競合すると、簡単に降りてしまう体質があった。オーナーもそれを看過《かんか》している。それどころか、「監督さえ代えればチームは強くなり、優勝できる」くらいに考えていた。

だから、成績が悪ければ、責任は監督に押しつけられ、1年、2年で更迭《こうてつ》されることも少なくなかった。しかし、戦術や采配で勝つにも限界がある。長期的な視野に立って強い

チームをつくるには、優秀な選手の獲得は不可欠なのだ。

そこで私は、編成部の重要性を説いた。チームは育成と補強の両面がうまく機能することで成長する。現場である監督とコーチの仕事は育成であり、補強を担当するのが編成部である。

編成部の主たる業務はスカウト活動だ。ドラフトだけでなく、トレードやフリーエージェント（以下、ＦＡ）も含め、チームに必要なのはどのような選手なのか、チームが目指す方向性を見据えたうえで補強を考えなくてはいけない。つまり、球団の心臓は編成部にあると言ってもいい。

だから、メジャーでは監督以上に、ゼネラルマネージャー（以下、ＧＭ）の手腕が重要視され、大きな権限が与えられているのだ。それは、日本の過去の常勝チームを見てもわかる。前述のように、鶴岡一人さんは典型的なＧＭタイプの監督で、有力選手をスカウトするためには、自らの人脈をフル活用した。

西武やダイエーも、「球界の寝業師《ねわざし》」と言われた根本陸夫《ねもとりくお》さんが新人獲得やトレードに辣腕《らつわん》を振るったから、強いチームになったのである。まさに、編成部しだいでチームが変わることを根本さんは実証した。

私がクビを覚悟でそんな話を3時間もしたのは、久万オーナー自らの野球観を変え、さらには戦力整備の根幹を担う編成部の改革の必要性を訴《うった》えたかったからだ。

のちに、久万さんはこんなことを言っていたらしい。

「野村の言うことはいちいち腹が立つ。しかし、どれも筋《すじ》が通っている」

残念ながら、私が在籍した3年間のうちに阪神は変わらなかった。阪神が変わったのは星野仙一が監督になってからである。その星野を後任として推薦したのは、私だ。当時の阪神の緩《ゆる》みきった雰囲気を一掃するには、星野のように鉄拳をも辞さない熱血指導型の監督がうってつけだと判断したからである。

## 野村が種を蒔《ま》き、星野仙一が収穫する

私の提言を聞き入れてくれたのか、まもなく阪神は変わった。編成部を改革し、ドラフトでの即戦力指名やFA補強も積極的に行なうようになった。オーナーの鶴の一声があったことは、容易に想像できる。

もちろん、星野の尽力もあっただろう。中日監督時代、巨人と激しい争奪戦を繰り広げた末、ロッテで三冠王に輝いた落合博満を獲得した男だ。鶴岡さんと同様にGM的な資質を持った監督である。私と違い、プロ野球界に人脈を張りめぐらしているし、アマチュア球界にも太いパイプを持っている。

阪神は、それを資金面からバックアップしたのだろう。FAやトレードで金本知憲《かねもとともあき》、伊良部秀輝《いらぶひでき》、下柳剛《しもやなぎつよし》ら有力選手を次々に獲得した。そして、星野は就任2年目に阪神をリーグ優勝に導いた。

しかし、このときの優勝については、球界関係者やファンの間で「基礎は野村がつくった」という声が少なくなかった。矢野輝弘《やのあきひろ》（現・燿大）を一人前の正捕手にしたのも、ローテーションの柱である井川慶《いがわけい》を育てたのも、私だからである。星野はそれが気に入らなかったらしい。

しかし、めぐりあわせなのか、楽天でも同じことが繰り返された。

楽天は球団創設の2005年、田尾安志《たおやすし》監督のもと、記録的な大敗（38勝97敗、勝率・281）を喫し、翌年から私がチームを率いた。私は就任4年目に、この弱小チームをなんとか2位にまで引き上げ、球団初のクライマックスシリーズ出場にこぎつけた。当然、監督の契約は更新されるものと思ったが、球団からは「任期満了」を理由に、「名誉監督」という職に祭り上げられた。第2章で述べた通りである。

解《げ》せなかったのは、後任監督だ。マーティ・ブラウンと聞いて、思わず耳を疑った。ブラウンは、広島で4年連続Bクラスの実績しか残していない（5位、5位、4位、5位）。あとでわかったのだが、私の後任には星野が既定路線だったらしい。

しかし、星野も2位のチームは引き継ぎたくない。だから、球団は星野の意向を汲《く》み、ブラウンでワンクッション置いたわけだ。しかも、ブラウンは都合よく最下位になってくれた。こうして、満《まん》を持《じ》して星野が登場したわけである。星野は1年目5位、2年目4位と順位を上げて、3年目に日本一。阪神でリーグ優勝したケースと似ている。

そして、このときも「野村が築いた戦力があるから優勝できた」という声が上がった。エース田中将大はルーキーの年から私が一軍で使い続けたエースだし、嶋基宏《しまもとひろ》を一人前のキャッチャーにしたのも私だからだ。「優勝チームに名捕手あり」は私の持論であり、キャッチャーの育成をチーム強化の柱とするのは、ヤクルト時代から一貫している。

今は「こういうチームづくりもあるのかな」と思っている。私が畑に種を蒔《ま》き、芽《め》を出すところまで面倒を見て、それを引き継いだ星野が水や肥料をやって収穫する。言わば、まったくタイプの異なる2人の監督の共同作業である。とりたてて仲がいいわけでもないが、星野とは不思議な縁があった。

## 理想のオーナー・孫正義

楽天という球団が今ひとつわからないのは、星野の次の監督に大久保博元《おおくぼひろもと》をもってきたことだった。いちおうキャッチャー出身監督だが、現役時代のリードにはすこしも緻密《ちみつ》さが感じられなかったし、もっぱら打つのが専門である。

それでも、西武でバッティングコーチをしていた頃に、中島裕之《なかじまひろゆき》（現・宏之）、中村剛也《なかむらたけや》、栗山巧《くりやまたくみ》らを育てた実績はある。しかし、打撃を教えるだけのコーチと、チーム全体を把握して戦略・戦術を立てる監督とは、仕事の中身がまるで違う。結局、大久保は1年目に最下位となり、そのまま辞任した。

それより驚かされたのは大久保の監督時代、オーナーの三木谷浩史《みきたにひろし》氏が現場に介入していたという報道だった。オーナー自ら毎試合、先発オーダーを指示していたというのである。私も60年以上野球に携わってきたが、こんなバカな話は聞いたことがない。

理由はわからない。大久保の采配が頼りないから、オーナーが現場介入をしたのか。あるいは、大久保がオーナーのご機嫌うかがいのために指示を仰《あお》いだのか。いずれにしても、1年での辞任は当然の帰結である。

楽天とは対照的な姿勢を見せているのが、ソフトバンクである。

オーナーの孫正義《そんまさよし》氏は「お金は出すが、口は出さない」というポリシーの持ち主で、2005年にダイエーからソフトバンクへの球団譲渡が正式に決まったときも、こんな挨拶をしている。

「野球のことはすべておまかせします。とにかくやるからには日本一になって、そして世界一を目指すチームにしてほしい。望むのはその一点です」

すばらしい言葉である。「日本一」より「世界一」を目指すという志《こころざし》の高さに、共感を覚える。私が考える理想のオーナーだ。

孫氏の言葉通り、ソフトバンクは選手の獲得にはお金を惜《お》しまない。さらに、トレードやFA、外国人選手の補強が理に適《かな》っているのは、スカウトをはじめフロント陣に優秀な人材が揃っているからだろう。

三軍制度を導入した育成システムが球界屈指なら、選手に対する待遇も充実している。平均年俸7816万円（2018年度選手会調査より）は、2位の巨人を約1500万円離して1位。12球団の平均年俸の2倍に近い。

かつて、日米のチャンピオンチーム同士による「真のワールドシリーズ」を提唱していたのは巨人だった。しかし、現在、それを実現する推進力を持っているのはまちがいなくソフトバンクである。こんな球団で、会長の職をまかされている王貞治は幸せだ。

## リーダーに求められるもの

私が野球評論家をしていた1989年秋、ヤクルトの相馬和夫《そうまかずお》球団社長から突然、連絡が入ったのでお会いすると、用件は監督就任の要請だった。

「テレビやラジオで野村さんの解説を聞き、スポーツ紙や週刊誌で評論を読み、これがホンモノの野球だと感銘しました。ぜひ、うちの選手にそれを教えてやってください」

まず、自分の仕事をちゃんと見てくれているという嬉しさがあった。さらに、再びユニフォームを着られるのだという喜びがあった。しかし、私は二つ返事で快諾したわけではない。ひとつ条件をつけた。

「チームづくりに3年の時間をいただけるでしょうか。1年目に畑を耕《たがや》し、2年目にいい種を蒔きます。花が咲くのは、早くて3年目でしょう。そこまで待っていただけるのでしたら、喜んで監督を引き受けます」

相馬社長は、これを了解してくれた。

「私のような素人《しろうと》でも、監督を代えたからといって、すぐに弱いチームが強くなるとは思いません。じっくり選手を育て、チームを強化してください。やり方はすべて野村さんにおまかせします」

もちろん、ヤクルトには現在のソフトバンクのような資金力はない。しかし、監督を信頼し、野球の指導や戦術に関しては、現場に一任するという姿勢は同じである。

もともと、ヤクルトはファミリー主義のカラーが濃い球団だ。1978年に広岡達朗さんがチームを初優勝に導きながら翌年辞任に追い込まれたのも、フロントとの関係悪化にあったと言われる。外様《とざま》監督ゆえに風当たりも強かったのだろう。

私の監督就任に対しても、反対の声は上がったはずだ。私も、いい噂《うわさ》ばかりあるわけではない。叩けばほこりも出る。しかし、相馬社長は「うまくいかなければ、責任は私が取ります」と、きっぱり言った。私も、この心意気に応《こた》えなければ男ではない。

監督就任後も、相馬さんはことあるごとに私の味方になってくれた。1992年オフのドラフトでは、編成部のイチオシは松井秀喜だった。スカウト全員が、「松井を獲《と》れば向こう10年、15年は四番をまかせられます」と太鼓判《たいこばん》を押す。しかし、ヤクルトのチーム事情を考えると、私が欲しかったのは即戦力、しかもエースと成り得る素材のピッチャーである。それが伊藤智仁《いとうともひと》だったのである。ビデオ映像を見た私は、彼にぞっこんだった。

私とスカウトの意見は対立したが、相馬社長は「野村監督の意見に従いなさい」と断言。これで、伊藤の指名が決まった。伊藤は翌年、松井を抑え、新人王を獲得している。

監督就任1年目は前年よりひとつ順位を落とし、5位だった。当然、本社の役員からは「なんだ、成績が悪くなったじゃないか」「本当に野村で大丈夫なのか」という声が多く出たようだ。しかし、私には手応《てごた》えがあった。翌年は3位、3年目にリーグ優勝、4年目には日本一に輝いた。

1992年、14年ぶりにリーグ優勝が決まった夜、相馬さんが「野村さん、ありがとう」と声を詰まらせながら、握手を求めてきたことが忘れられない。

その後も、1995年、1997年と2回チームを日本一に導くことができた。1990年代はヤクルトの時代だったと言ってくれる野球ファンもいるから、嬉しい限りだ。一般に優勝の回数を重ねるほど監督の存在が注目されるが、私ひとりの力でこれだけの成績が残せるわけではない。選手、コーチ、打撃投手やブルペン捕手など数多くの裏方《うらかた》、球団フロントの力が一丸となった成果だった。

さらに、われわれすべての後《うし》ろ盾《だて》となってチームを支えたのが、相馬社長である。あらためて、組織の成長はリーダーの器《うつわ》しだいであると思う。

## 短期政権では、強いチームをつくれない

私は、ヤクルトで9年間監督をした。他チームを見ても、星野仙一が中日で11年間、古葉竹識が広島で11年間、森祇晶が西武で9年間、チームの指揮を執っている。

私は、これが長いとは思わない。かつて名監督と言われた人たちの監督在任期間も、長かった。もっとも長いのは鶴岡一人さんで、南海で23年間監督を務めている。川上哲治さんは巨人で14年間、水原さんが巨人で11年間、三原脩さんが西鉄で9年間だ。西本幸雄さんも阪急で11年間指揮を執り、後任の上田利治は15年の長きにわたり、監督を務めた。21世紀以降では、巨人の原辰徳が通算12年と長い。

こうして見ると、それなりに実績を残している監督の多くは、10年くらいのスパンで同じチームを預かっていることがわかる。これなら、じっくりチームづくりに取り組める。

しかし、近年は結果が出なければ、すぐにクビを切られてしまう。いちおう、3年契約がひとつの目安にはなっているようだが、結果が出なかったら、1年、2年で解任というケースも珍しくない。現在、12球団で一番の長期政権は日本ハムの栗山英樹《くりやまひでき》で、それでも7年目である（2018年9月現在）。

監督の消費期限が短くなった原因が、長期間采配をまかせられる監督がいなくなったからなのか、球団の側《がわ》にチームが花を咲かすまで待つ余裕がないからなのかはわからない。おそらく、両方なのだろう。

ただ、監督の立場から言わせていただくと、1年、2年でいきなり結果を残すのは難しい。私はヤクルト監督に就任する際に「3年ください」と言ったが、できれば5年欲しい。5年あれば、腰を据えて選手を教え、育て、鍛えることができるからだ。楽天監督をまかされたときも、2位になるまで4年かかった。欲を言えば、あと1年欲しかった。

なぜ短期間に結果を求めることがよくないのか。

結果を出せなければ即解雇だとしたら、どうしても勝つことを優先せざるを得ない。勝つためには有力選手をトレードやFAで補強するほうが手っ取り早いし、自《おの》ずと育成という仕事は置き去りにされる。これでは、本当に強いチームはできない。最悪のケースは、監督自身が自己保身に汲々《きゅうきゅう》として、中心選手を甘やかしてしまうことである。厳しく接して反発でもされたら、自分が困るからだ。

近年、選手とまるで友だちでもあるかのように接する監督が増えたのは、そのせいだろうか。選手と同レベルで戦況の変化に一喜一憂《いっきいちゆう》している。ホームランが飛び出すとガッツポーズをして大喜びし、ピッチャーが大事な場面で打たれると落胆し、うなだれる。監督らしい威厳や風格はまるでない。

　こうなると、球団の監督の選び方にも問題があると言わざるを得ない。現役時代の人気や実績に惑《まど》わされることなく、3年、5年と長期にわたってまかせられる監督を見つける努力をしてほしいと切《せつ》に願う。

## 「日本人は組織力に優れている」のウソ

　近頃のサッカーの報道で、「組織力」という言葉をよく耳にする。日本人は組織力の点で優れているという。これは事実だろうか。

　サッカーには詳しくないので軽々《けいけい》に言えないが、こと野球に関しては、必ずしも日本人は組織力において優れているようには思えない。

　確かに、プロであればたいていの選手が監督の指示を守り、それを実行しようとはする。しかし、これは組織力があるというより、従順で横並び意識が強いというだけではないか。空気を読んで、人と同じことをする、あるいは組織からはみ出さないようにしているだけではないか。

　私は、大事な場面であればあるほど、自主性や自主判断が求められるのが団体競技だと考える。そうでなければ、時々刻々《じじこっこく》と変化する状況に対応できないし、試合を決める局面で力を発揮することはできない。「組織力がある」とは、そのような自主性や対応力を持った選手が集まってはじめて言えることだ。

いざというときに一丸となって戦う結束力がなければ組織は機能しないし、同時に、ひとりひとりがめまぐるしく変わる状況に対応する判断力や柔軟性を備えていなければ、強いチームとは言えない。V9巨人がまさにそうだった。

しかし、川上さんをもってしても、チームづくりには時間がかかった。V9がスタートするのは監督就任5年目のことである。やはり、強いチームをつくるには短期間では無理なのだ。ただし、一度土台を据えてきちんとした組織をつくると、それはちょっとやそっとでは崩れない。

## 派閥は百害あって一利なし

組織力を阻害する要素のひとつに派閥がある。人間はもともと徒党を組みたがるものらしく、昔から3人集まれば派閥ができるとも言われてきた。プロ野球も例外ではなく、チームの主力選手を中心に○○派、□□派といった派閥ができる傾向は、どのチームにもある。もっともタチが悪いのは、監督自ら派閥に関与しているケースだ。

南海時代、鶴岡監督の自宅に新年の挨拶に行ったときだった。玄関には男物の靴がたくさん並び、部屋の奥からはチームメイトの声が聞こえてきた。私は、奥から出てきた鶴岡さんに「あけましておめでとうございます」と挨拶したのだが、「上がっていけ」とは言わない。空気を察した私は早々にお暇《いとま》したが、いい気持ちはしなかった。

私は、他の選手のように監督に食事に誘われたことは1回もなく、嫌われていたのはわかっていた。しかし、監督に嫌われたいと思う選手はいない。誰もが監督に好かれたいし、認められたい。だから、監督は特定の選手をかわいがったり、贔屓《ひいき》したりしてはいけないのだ。

私の場合、逆に反発して、鶴岡一派を見返してやろうと必死に野球に打ち込んだが、派閥に加わることもできず、監督に見向きもされず、やる気をなくした選手も少なくはないはずだ。

その後、私は兼任監督となったが、鶴岡一派の選手たちに足を引っ張られることは一度や二度ではなかった。

プロ野球チームに派閥があっていいことなどひとつもない。まさしく百害あって一利なし。鶴岡さんの南海が川上さんの巨人に1回も勝てなかった理由も、こんなところにあるような気がする。要するに、派閥に属して安心しているような人間は心が弱いだけで、本当のプロではないと私は思っている。チームがひとつにまとまって組織力を高めることと、徒党を組んで仲よくすることとはまるで違う。

私は監督になってからも、グラウンドの外では選手やコーチとつきあわなかった。彼らに何か伝えたいことがあれば監督室に呼ぶか、ミーティングを行なうだけでいいのだ。

**ベテランを起用しなければ勝てない**

私は長いペナントレースを勝ち抜き、優勝するには、左記の六つの条件をクリアする必要があると考える。

①接戦をものにする

②お得意さんのチームをつくる
③先発ピッチャーが崩れた試合をものにする
④連敗を最小限に食い止める
⑤データの収集と活用
⑥生《は》え抜きのベテランをうまく使いこなす

実は②以外の条件は、短期戦を制するうえでも当てはまる。特に①③⑤⑥だろう。①③で問われるのは、頼りになるリリーフが揃っているかどうかである。⑤はもはやあたりまえのことで、情報戦に勝つことはシリーズの結果に直結する。

意外に難しいのは⑥である。生え抜きのベテランは自軍への愛着は人一倍強く、そのような選手を冷遇することは、チームに不協和音をもたらすことにもなる。そうして崩壊したチームはいくつもある。

とりわけ大事なのは、ベンチにいる控えのベテランの扱いだ。野球は一度に9人しかグラウンドに立てない。控えのベテランがベンチでふてくされているようだと、チーム全体が暗くなる。逆に、控えのベテランが元気なら、負けていてもチームの士気は落ちない。

私がヤクルト監督として初優勝した1992年も、大事な局面で2人の生え抜きのベテランに救われた。

ひとりは荒木大輔《あらきだいすけ》。残りゲームも少ないシーズン最終盤、主力投手が相次いで故障で離脱し、先発の頭数が足りないため、先発マウンドを荒木に託したことがあった。甲子園という大舞台で数々の修羅場を経験してきた、彼の勝負度胸を信じたのだ。結果は、広島打線を7回2安打に抑え、4年3カ月ぶりの勝利を手にした。この勝利がチームを大いに勇気づけたのはまちがいない。

もうひとりは杉浦享である。1978年のヤクルト初優勝を知る、数少ない生え抜きだ。このとき40歳。すでに出番は年々減っており、前年のオフには、体力的な限界から引退も考えた。それを思いとどまらせたのが私である。

「まだ、バットを振れるじゃないか。大丈夫だよ」

杉浦は期待に応《こた》え、日本シリーズ第1戦で予期せぬ大仕事をやってくれた。3対3の同点で迎えた延長12回裏、一死満塁の場面で代打に送ると、杉浦は2ストライクと追い込まれながらも、西武・鹿取義隆のストレートを見事にライトスタンドに叩き込んだのだ。日本シリーズ史上初の代打満塁サヨナラホームランである。

結局、西武には３勝４敗で敗れたが、杉浦はもう１年ユニフォームを着ることを決断する。「このチームだったら、次は必ず日本一になれる」と思ったらしい。彼が予想した通り、翌年は４勝３敗で西武を破った。杉浦は日本一を花道にバットを置いたのだった。

どの組織にも、盛りをすぎたベテランはいるだろう。溌剌《はつらつ》とした若手に比べ、地味に見える彼らの経験は、組織が追い込まれたときにこそ、力を発揮する。このことは、よく覚えておいたほうがいい。

## 中心なき組織は機能しない

私がチームづくりの基本としている大原則が、「中心なき組織は機能しない」という考え方である。チームが円滑に機能するか、機能不全のまま破綻するかは、中心にいる看板選手にかかっていると言ってもいい。

強いチームほど、中心選手が機能すれば勝つ。頼りになる四番バッターがいるだけで、打線は破壊力を増すし、投げれば8割以上の確率で勝ってくれるエースがいれば、それだけでローテーションは楽に回る。

しかし、私が言う中心選手とは、ただ打てばいい、ただ投げて抑えればいいというものではない。チームの「鑑《かがみ》」でなければならない。野球に取り組む姿勢はもちろん、日頃の練習態度、自己管理など、あらゆる面においてチーム全員の選手の手本とならなければ十分ではない。中心選手がそういう態度を見せるだけで、他の選手も「自分もやらなければいけない」と素直に思えるからだ。

同じアドバイスも、コーチから言われるのと、尊敬すべき中心選手に言われるのとでは受け止め方も違う。コーチは、あくまで見たことを客観的に言うしかない。しかし、選手同士なら、実際にプレーして感じたことを伝えられる。この差は小さくない。

監督としても、手本となってくれる中心選手がいると実にありがたい。細かい説明をしなくても「彼を見習え」の一言ですんでしまうからだ。

できれば、このようなチームの「鑑」となるようなタイプが、野手にひとり、ピッチャーにひとりいるとありがたいのだが、そこまで望むのは欲張りかもしれない。そうなると、やはり毎試合出場している野手のほうが適任だろう。

私がチームにおける理想の中心選手と考えるのは、V9時代の王と長嶋である。

王と言えば、ぶら下がった紙を真剣で切る練習が有名だが、実際に間近《まぢか》で見せてもらうと、その迫力と殺気に気圧《けお》された。私の素振りとはレベルが違う。長嶋も、陰では血反吐《ちへど》を吐くような練習をしていたという。

しかも、2人ともグラウンドでもよく練習した。キャンプでも練習量が一番多いのが、ONだった。少々のケガでは休まなかったし、オープン戦も全試合出場した。わざわざ球場まで足を運んでくれたファンのためには、それが使命だと考えていたのだ。

巨人から南海にトレードで来た選手は何人もいたが、決まってONの話を聞かされた。

「練習でも試合でもいっさい手抜きがありません。王さん、長嶋さんがあそこまでやるんだから、実力不足の自分たちはそれ以上やらなければ、この世界で生き残ることはできない。誰もがそう思ったはずです」

こうしたONを、川上さんは特別扱いすることなくチームをまとめ上げた。あの頃の巨人が強かったはずである。

では、私がヤクルトで9年間指揮を執ったときの中心は誰だったのか。

やはり、古田敦也だろう。チームの要《かなめ》であるキャッチャーというポジションを担っていたし、勝負強いバッティングも光った。デッドボールを恐れず、アグレッシブに相手に向かっていく姿勢も、チームの士気を高めた。

そして、古田の打撃成績とチームの成績はシンクロしていた。優勝したときは決まって古田の成績もよく、Bクラスに転落したときは古田の成績も芳《かんば》しくなかった。つまり、チームの浮沈のカギを古田が握っていたのである。もちろん、練習もよくした。

ただし、古田には人間性の面で欠点があった。一見、若手をまとめるリーダータイプに見えるのだが、意外にケチなのである。

選手同士で食事に行く場合、年俸《ねんぽう》が一番高い者が支払うことが多い。若手と中心選手では一ケタあるいは二ケタも違うのだから、当然だろう。ところが、古田が支払うことはまずなく、たいてい池山隆寛か広沢克己が勘定を持ったらしい。これでは、若手の古田に対する印象がいいはずはない。私に言わせると、こんなところで評価を落とすのはいかにももったいない。払いたくなければ一緒に行かなければいいだけのことである。

もうひとつ、古田の性格で気になったのは自分の派閥をつくる傾向があったことだ。その悪い面が出たのが、監督になったときの組閣である。ヘッドコーチに伊東昭光を起用するなど、自分と気の合う仲間を集めた、いわゆる「お友だち内閣」だ。案の定、シーズンに入ると、選手起用や采配に対して、チーム内に不満や反発が生じたらしい。

結局、古田の監督在任は2年で終わっている。どうやら、私が思うほど、古田は人望がなかったようだ。

## 規律なき組織に未来はない

ヤクルト監督時代の1997年に対戦した西武との日本シリーズには、嫌な思い出がある。結果だけを見れば、4勝1敗の圧勝に終わったのだが、西武選手の野球に対する姿勢に納得できなかった。

私は例によって対戦前から、敵将・東尾修《ひがしおおさむ》を挑発する狙いもあり、こんなことを言った。

「西武の選手の茶髪、長髪は目に余る。プロ野球選手として恥ずかしくないのか。こんなチームには絶対に負けるわけにはいかない」

この発言に腹を立てたのか、私が審判の判定を確認するためにグラウンドに出ると、「デブ」「ブタ」「早く引っ込め！」と、西武ベンチからひどいヤジが飛んできた。ユーモアも何もあったものではない。

私は、野球の試合におけるヤジを否定しない。しかし、球界には相手の監督、コーチはヤジらないという不文律のようなものがある。なぜなら、敵軍とはいえ、監督、コーチは球界の大先輩であり、今日のプロ野球の隆盛もこうした諸先輩のおかげだからだ。その大先輩を汚《きたな》いヤジでけなすとは何事《なにごと》か。

西武の選手の態度は、他の場面でも目に余った。たとえば、試合前の国旗掲揚の際、バッテリーが平然とブルペンで投球練習をしているのだ。ここは、いったん練習を中断し、敬意を表わすのが礼儀であり、マナーである。そんなことも西武の指導者は教えないのだろうか。広岡さんや森が指揮官だった時代には考えられなかった。

おそらく、近頃の指導者は東尾と似たり寄ったりで、「勝てばいい」「野球がうまくなりさえすればいい」としか考えていないのだろう。

私は自分が監督を務めたチームでは必ず茶髪、長髪、ヒゲは禁止した。プロ野球選手とは練習で自分を磨き、卓抜したプレーでファンに感動や夢を与える職業である。プロ野球を見ている少年たちへの影響も考え、プロ野球選手は常にプロ野球選手にふさわしい姿を保つべきだ。たかが長髪と、甘く見てはいけない。ひとりの長髪が、チームの野球の質や格を壊してしまうこともある。

V9を達成した川上巨人は、規律の厳しさで有名だった。試合中の怠慢《たいまん》プレーや幹部批判などに対しては罰金が科《か》せられ、一歩球場を出たあとのふるまいや言葉遣《づか》い、身だしなみについても口やかましかったという。たとえば、移動の際はスーツ、ネクタイ着用が義務づけられるなど、「巨人軍は紳士たれ」を選手全員に求めた。

おそらく、川上さんは日頃の行動や心がまえがグラウンドでのプレーにもつながっていると考えていたのだ。それが正しいことは、9年連続日本一という栄光が証明している。

川上さんの時代とは正反対の、およそ巨人らしくない風体《ふうてい》で顰蹙《ひんしゆく》を買ったのが清原和博である。彼の金髪やピアス姿を思い出してほしい。チームに好影響を与えただろうか。逆である。清原が金髪にしたり、耳にピアスをしたりしていた頃の巨人はすこしも強くなく、優勝から遠ざかっていた。やや大げさかもしれないが、茶髪や長髪やピアスなどの見た目の乱れは、野球選手としての体力・気力・知力の乱れを示していると私は思う。

かつて強いチームには明確な規律があり、選手ひとりひとりに品格が備わっていた。日本シリーズで雌雄を決するのは、そんなチーム同士であってほしい。そして、WBCやオリンピックに出場する侍ジャパンにも同じことを望みたい。

# おわりに

私は今でも、勝負とは何かと自問することがある。

「勝つか、負けるか」なのか、「勝ったり、負けたり」なのか。「勝つから強い」のか、あるいは「強いから勝つ」のか。なかなか答えは見つからない。勝負の正体を見つけようと、現役時代から本を読み漁《あさ》った。

そこで出会った言葉が、江戸時代後期の平戸《ひらど》藩主で剣の達人としても知られる松浦静山《まつらせいざん》による「勝ちに不思議の勝ちあり、負けに不思議の負けなし」である。これまで好んで口にしてきたし、『負けに不思議の負けなし』（朝日文庫）という本まで上梓《じょうし》した。

勝っても謙虚な気持ちを忘れず、負けたら敗因を徹底的に究明する――この姿勢は長いペナントレースも、日本シリーズのような短期戦も変わらない。どんな勝負も軽く考えてはいけないし、どんな相手も侮《あなど》ってはいけない。私にとっては戒《いまし》めの言葉なのだ。

私が勝負において、もうひとつ大切にしている言葉がある。

「ひとりで見る夢はただの夢。みんなで見る夢は現実になる」

ビートルズのジョン・レノンの言葉だそうだ。野村らしくない引用と思われるかもしれないが、私は次のように解釈している。

プロ野球の選手や監督にとっての夢とは勝つことであり、優勝である。その夢を実現したかったら、チーム全体で夢を見ることだ。まず考えるのはリーグ優勝である。次にクライマックスシリーズに勝ち、日本シリーズを制することである。勝負は夢を見ることから始まっている。

WBCの王座奪回やオリンピックでの金メダルも、夢から始まる。これを球界ぐるみ、さらに日本中の野球ファンも加わった大きな夢にすれば、夢はきっと現実になるはずだ。

短期戦、それも国際大会で勝つのは容易ではない。しかし、夢を持ち続ければ、必ずや突破口は見えてくる。勝つための戦略・戦術も見つかるはずだ。恥ずかしながら、私も選手として、監督として、常に「日本一」「世界一」の夢を見てきた。

夢は生きる力である。夢は野球の未来を変える力を持っている。

資料編

# 短期決戦の全データ

## 資料1　プレーオフの全結果（1973〜1982年）

※レギュラーシーズンを前期・後期に分け、各優勝チームによる3勝先勝制
※勝利・敗戦チームの（　）内は優勝シーズン
※勝敗は勝利－敗北・引き分け。○＝勝利、●＝敗北、△＝引き分け（以下同じ）
※改名した選手・監督は改名後のもの（以下同じ）

| 年度 | 勝利チーム | 監督 | 勝敗 | 第1戦 | 第2戦 | 第3戦 | 第4戦 | 第5戦 | 敗戦チーム | 監督 | MVP（守備位置） |
|---|---|---|---|---|---|---|---|---|---|---|---|
| 1973 | 南海（前期） | 野村克也 | 3－2 | ○ | ● | ○ | ● | ○ | 阪急（後期） | 西本幸雄 | 佐藤道郎（投手） |
| 1974 | ロッテ（後期） | 金田正一 | 3－0 | ○ | ○ | ○ | | | 阪急（前期） | 上田利治 | 村田兆治（投手） |
| 1975 | 阪急（前期） | 上田利治 | 3－1 | ● | ○ | ○ | ○ | | 近鉄（後期） | 西本幸雄 | 長池徳士（外野手） |
| 1976 | 阪急が前・後期優勝のため、開催なし | | | | | | | | | | |
| 1977 | 阪急（前期） | 上田利治 | 3－2 | ○ | ● | ● | ○ | ○ | ロッテ（後期） | 金田正一 | 山田久志（投手） |
| 1978 | 阪急が前・後期優勝のため、開催なし | | | | | | | | | | |
| 1979 | 近鉄（前期） | 西本幸雄 | 3－0 | ○ | ○ | ○ | | | 阪急（後期） | 梶本隆夫 | 山口哲治（投手） |
| 1980 | 近鉄（後期） | 西本幸雄 | 3－0 | ○ | ○ | ○ | | | ロッテ（前期） | 山内一弘 | 平野光泰（外野手） |
| 1981 | 日本ハム（後期） | 大沢啓二 | 3－1・1 | ○ | △ | ○ | ● | ○ | ロッテ（前期） | 山内一弘 | 柏原純一（内野手） |
| 1982 | 西武（前期） | 広岡達朗 | 3－1 | ○ | ○ | ● | ○ | | 日本ハム（後期） | 大沢啓二 | 大田卓司（外野手） |

# 資料2　プレーオフの全結果（2004～2006年）

※レギュラーシーズンの3位チームと2位チームが2勝先勝制で戦い（第1ステージ）、勝利チームと1位チームが3勝先勝制で戦う（第2ステージ）。1位チームが、第1ステージ勝者にレギュラーシーズンで5ゲーム以上差をつけていたとき、アドバンテージ1勝を付与
※勝利・敗戦チームの（　）内はレギュラーシーズンの順位
※☆＝アドバンテージ1勝

| 年度 | ステージ | 勝利チーム | 監督 | 勝敗 | アドバンテージ | 第1戦 | 第2戦 | 第3戦 | 第4戦 | 第5戦 | 敗戦チーム | 監督 |
|---|---|---|---|---|---|---|---|---|---|---|---|---|
| 2004 | 第1 | 西武（2位） | 伊東勤 | 2-1 | | ○ | ● | ○ | | | 日本ハム（3位） | ヒルマン |
| | 第2 | 西武（2位） | 伊東勤 | 3-2 | | ● | ○ | ○ | ● | ○ | ダイエー（1位） | 王貞治 |
| 2005 | 第1 | ロッテ（2位） | バレンタイン | 2-0 | | ○ | ○ | | | | 西武（3位） | 伊東勤 |
| | 第2 | ロッテ（2位） | バレンタイン | 3-2 | | ○ | ○ | ● | ● | ○ | ソフトバンク（1位） | 王貞治 |
| 2006 | 第1 | ソフトバンク（3位） | 森脇浩司 | 2-1 | | ● | ○ | ○ | | | 西武（2位） | 伊東勤 |
| | 第2 | 日本ハム（1位） | ヒルマン | 3-0 | ☆ | ○ | ○ | | | | ソフトバンク（3位） | 森脇浩司 |

# 資料3　クライマックスシリーズの全結果

※レギュラーシーズンの3位チームと2位チームが3試合制(2勝先勝、引き分けもカウントし、同じ勝敗数になった場合は2位チームが勝利)で戦い(ファーストステージ)、勝利チームと1位チームが6試合制(1位チームに付与されるアドバンテージ1勝を含む4勝先勝、引き分けもカウントし、同じ勝敗数になった場合は1位チームが勝利)で戦う(ファイナルステージ)。
　2007年の第2ステージは5試合制(3勝先勝)
※勝利・敗戦チームの(　)内はレギュラーシーズンの順位
※☆=アドバンテージ1勝、★=アドバンテージ1敗

## セ・リーグ

| 年度 | ステージ | 勝利チーム | 監督 | 勝敗 | アドバンテージ | 第1戦 | 第2戦 | 第3戦 | 第4戦 | 第5戦 | 第6戦 | 敗戦チーム | 監督 | MVP(守備位置) |
|---|---|---|---|---|---|---|---|---|---|---|---|---|---|---|
| 2007 | 第1 | 中日(2位) | 落合博満 | 2-0 | | ○ | ○ | | | | | 阪神(3位) | 岡田彰布 | 制定なし |
| | 第2 | 中日(2位) | 落合博満 | 3-0 | | ○ | ○ | ○ | | | | 巨人(1位) | 原辰徳 | |
| 2008 | 第1 | 中日(3位) | 落合博満 | 2-1 | | ○ | ● | ○ | | | | 阪神(2位) | 岡田彰布 | ラミレス(外野手) |
| | 第2 | 巨人(1位) | 原辰徳 | 3-1・1 | ☆ | ● | ○ | △ | ○ | | | 中日(3位) | 落合博満 | |
| 2009 | 第1 | 中日(2位) | 落合博満 | 2-1 | | ● | ○ | ○ | | | | ヤクルト(3位) | 高田繁 | 脇谷亮太(内野手) |
| | 第2 | 巨人(1位) | 原辰徳 | 4-1 | ☆ | ● | ○ | ○ | ○ | | | 中日(2位) | 落合博満 | |
| 2010 | ファースト | 巨人(3位) | 原辰徳 | 2-0 | | ○ | ○ | | | | | 阪神(2位) | 真弓明信 | 和田一浩(外野手) |
| | ファイナル | 中日(1位) | 落合博満 | 4-1 | ☆ | ○ | ○ | ● | ○ | | | 巨人(3位) | 原辰徳 | |

| | | | | | | | | | | | | | | |
|---|---|---|---|---|---|---|---|---|---|---|---|---|---|---|
| 2011 | ファースト | ヤクルト（2位） | 小川淳司 | 2－1 | | ○ | ● | ○ | | | | 巨人（3位） | 原辰徳 | 吉見一起（投手） |
| | ファイナル | 中日（1位） | 落合博満 | 4－2 | ☆ | ○ | ● | ● | ○ | ○ | | ヤクルト（2位） | 小川淳司 | |
| 2012 | ファースト | 中日（2位） | 高木守道 | 2－1 | | ○ | ● | ○ | | | | ヤクルト（3位） | 小川淳司 | 石井義人（内野手） |
| | ファイナル | 巨人（1位） | 原辰徳 | 4－3 | ☆ | ● | ● | ● | ○ | ○ | ○ | 中日（2位） | 高木守道 | |
| 2013 | ファースト | 広島（3位） | 野村謙二郎 | 2－0 | | ○ | ○ | | | | | 阪神（2位） | 和田豊 | 菅野智之（投手） |
| | ファイナル | 巨人（1位） | 原辰徳 | 4－0 | ☆ | ○ | ○ | ○ | | | | 広島（3位） | 野村謙二郎 | |
| 2014 | ファースト | 阪神（2位） | 和田豊 | 1－0・1 | | ○ | △ | | | | | 広島（3位） | 野村謙二郎 | 呉昇桓（投手） |
| | ファイナル | 阪神（2位） | 和田豊 | 4－1 | ★ | ○ | ○ | ○ | ○ | | | 巨人（1位） | 原辰徳 | |
| 2015 | ファースト | 巨人（2位） | 原辰徳 | 2－1 | | ○ | ● | ○ | | | | 阪神（3位） | 和田豊 | 川端慎吾（内野手） |
| | ファイナル | ヤクルト（1位） | 真中満 | 4－1 | ☆ | ● | ○ | ○ | ○ | | | 巨人（2位） | 原辰徳 | |
| 2016 | ファースト | DeNA（3位） | ラミレス | 2－1 | | ○ | ● | ○ | | | | 巨人（2位） | 高橋由伸 | 田中広輔（内野手） |
| | ファイナル | 広島（1位） | 緒方孝市 | 4－1 | ☆ | ○ | ○ | ● | ○ | | | DeNA（3位） | ラミレス | |
| 2017 | ファースト | DeNA（3位） | ラミレス | 2－1 | | ● | ○ | ○ | | | | 阪神（2位） | 金本知憲 | ロペス（内野手） |
| | ファイナル | DeNA（3位） | ラミレス | 4－2 | ★ | ● | ○ | ○ | ○ | ○ | | 広島（1位） | 緒方孝市 | |

## パ・リーグ

| 年度 | ステージ | 勝利チーム | 監督 | 勝敗 | アドバンテージ | 第1戦 | 第2戦 | 第3戦 | 第4戦 | 第5戦 | 第6戦 | 敗戦チーム | 監督 | MVP（守備位置） |
|---|---|---|---|---|---|---|---|---|---|---|---|---|---|---|
| 2007 | 第1 | ロッテ（2位） | バレンタイン | 2-1 | | ○ | ● | ○ | | | | ソフトバンク（3位） | 王貞治 | サブロー（外野手） |
| | 第2 | 日本ハム（1位） | ヒルマン | 3-2 | | ○ | ● | ○ | ● | ○ | | ロッテ（2位） | バレンタイン | ダルビッシュ有（投手） |
| 2008 | 第1 | 日本ハム（3位） | 梨田昌孝 | 2-0 | | ○ | ○ | | | | | オリックス（2位） | 大石大二郎 | 涌井秀章（投手） |
| | 第2 | 西武（1位） | 渡辺久信 | 4-2 | ☆ | ○ | ● | ● | ○ | ○ | | 日本ハム（3位） | 梨田昌孝 | |
| 2009 | 第1 | 楽天（2位） | 野村克也 | 2-0 | | ○ | ○ | | | | | ソフトバンク（3位） | 秋山幸二 | スレッジ（指名打者） |
| | 第2 | 日本ハム（1位） | 梨田昌孝 | 4-1 | ☆ | ○ | ○ | ● | ○ | | | 楽天（2位） | 野村克也 | |
| 2010 | ファースト | ロッテ（3位） | 西村徳文 | 2-0 | | ○ | ○ | | | | | 西武（2位） | 渡辺久信 | 里崎智也（捕手） |
| | ファイナル | ロッテ（3位） | 西村徳文 | 4-3 | ★ | ○ | ● | ● | ○ | ○ | ○ | ソフトバンク（1位） | 秋山幸二 | 成瀬善久（投手） |
| 2011 | ファースト | 西武（3位） | 渡辺久信 | 2-0 | | ○ | ○ | | | | | 日本ハム（2位） | 梨田昌孝 | 内川聖一（外野手） |
| | ファイナル | ソフトバンク（1位） | 秋山幸二 | 4-0 | ☆ | ○ | ○ | ○ | | | | 西武（3位） | 渡辺久信 | |
| 2012 | ファースト | ソフトバンク（3位） | 秋山幸二 | 2-1 | | ○ | ● | ○ | | | | 西武（2位） | 渡辺久信 | 糸井嘉男（外野手） |
| | ファイナル | 日本ハム（1位） | 栗山英樹 | 4-0 | ☆ | ○ | ○ | ○ | | | | ソフトバンク（3位） | 秋山幸二 | |

| | | | | | | | | | | | | | | |
|---|---|---|---|---|---|---|---|---|---|---|---|---|---|---|
| 2013 | ファースト | ロッテ（3位） | 伊東勤 | 2－1 | | ○ | ● | ○ | | | | 西武（2位） | 渡辺久信 | 田中将大（投手） |
| | ファイナル | 楽天（1位） | 星野仙一 | 4－1 | ☆ | ○ | ● | ○ | ○ | | | ロッテ（3位） | 伊東勤 | |
| 2014 | ファースト | 日本ハム（3位） | 栗山英樹 | 2－1 | | ○ | ● | ○ | | | | オリックス（2位） | 森脇浩司 | 吉村裕基（内野手） |
| | ファイナル | ソフトバンク（1位） | 秋山幸二 | 4－3 | ☆ | ○ | ● | ● | ○ | ● | ○ | 日本ハム（3位） | 栗山英樹 | |
| 2015 | ファースト | ロッテ（3位） | 伊東勤 | 2－1 | | ○ | ● | ○ | | | | 日本ハム（2位） | 栗山英樹 | 内川聖一（外野手） |
| | ファイナル | ソフトバンク（1位） | 工藤公康 | 4－0 | ☆ | ○ | ○ | ○ | | | | ロッテ（3位） | 伊東勤 | |
| 2016 | ファースト | ソフトバンク（2位） | 工藤公康 | 2－0 | | ○ | ○ | | | | | ロッテ（3位） | 伊東勤 | 中田翔（内野手） |
| | ファイナル | 日本ハム（1位） | 栗山英樹 | 4－2 | ☆ | ○ | ● | ○ | ● | ○ | | ソフトバンク（2位） | 工藤公康 | |
| 2017 | ファースト | 楽天（3位） | 梨田昌孝 | 2－1 | | ● | ○ | ○ | | | | 西武（2位） | 辻発彦 | 内川聖一（内野手） |
| | ファイナル | ソフトバンク（1位） | 工藤公康 | 4－2 | ☆ | ● | ● | ○ | ○ | ○ | | 楽天（3位） | 梨田昌孝 | |

# 資料4　日本シリーズの全結果

※4勝先勝制

| 回 | 年度 | 勝利チーム | 監督 | 勝敗 | 第1戦 | 第2戦 | 第3戦 | 第4戦 | 第5戦 | 第6戦 | 第7戦 | 第8戦 | 敗戦チーム | 監督 | MVP（守備位置） |
|---|---|---|---|---|---|---|---|---|---|---|---|---|---|---|---|
| 1 | 1950 | 毎日 | 湯浅禎夫 | 4-2 | ○ | ○ | ● | ● | ○ | ○ | | | 松竹 | 小西得郎 | 別当薫（外野手） |
| 2 | 1951 | 巨人 | 水原茂 | 4-1 | ○ | ○ | ○ | ● | ○ | | | | 南海 | 鶴岡一人 | 南村侑広（外野手） |
| 3 | 1952 | 巨人 | 水原茂 | 4-2 | ○ | ○ | ● | ○ | ● | ○ | | | 南海 | 鶴岡一人 | 別所毅彦（投手） |
| 4 | 1953 | 巨人 | 水原茂 | 4-2・1 | ● | ○ | △ | ○ | ○ | ● | ○ | | 南海 | 鶴岡一人 | 川上哲治（内野手） |
| 5 | 1954 | 中日 | 天知俊一 | 4-3 | ○ | ○ | ● | ● | ○ | ● | ○ | | 西鉄 | 三原脩 | 杉下茂（投手） |
| 6 | 1955 | 巨人 | 水原茂 | 4-3 | ○ | ● | ● | ● | ○ | ○ | ○ | | 南海 | 鶴岡一人 | 別所毅彦（投手） |
| 7 | 1956 | 西鉄 | 三原脩 | 4-2 | ● | ○ | ○ | ○ | ● | ○ | | | 巨人 | 水原茂 | 豊田泰光（内野手） |
| 8 | 1957 | 西鉄 | 三原脩 | 4-0・1 | ○ | ○ | ○ | △ | ○ | | | | 巨人 | 水原茂 | 大下弘（外野手） |
| 9 | 1958 | 西鉄 | 三原脩 | 4-3 | ● | ● | ● | ○ | ○ | ○ | ○ | | 巨人 | 水原茂 | 稲尾和久（投手） |
| 10 | 1959 | 南海 | 鶴岡一人 | 4-0 | ○ | ○ | ○ | ○ | | | | | 巨人 | 水原茂 | 杉浦忠（投手） |
| 11 | 1960 | 大洋 | 三原脩 | 4-0 | ○ | ○ | ○ | ○ | | | | | 大毎 | 西本幸雄 | 近藤昭仁（内野手） |
| 12 | 1961 | 巨人 | 川上哲治 | 4-2 | ● | ○ | ○ | ○ | ● | ○ | | | 南海 | 鶴岡一人 | 宮本敏雄（外野手） |
| 13 | 1962 | 東映 | 水原茂 | 4-2・1 | ● | ● | △ | ○ | ○ | ○ | ○ | | 阪神 | 藤本定義 | 土橋正幸（投手） |
| | | | | | | | | | | | | | | | 種茂雅之（捕手） |
| 14 | 1963 | 巨人 | 川上哲治 | 4-3 | ● | ○ | ○ | ● | ○ | ● | ○ | | 西鉄 | 中西太 | 長嶋茂雄（内野手） |

| | | | | | | | | | | | | | | | |
|---|---|---|---|---|---|---|---|---|---|---|---|---|---|---|---|
| 15 | 1964 | 南海 | 鶴岡一人 | 4－3 | ○ | ● | ● | ○ | ● | ○ | ○ | | 阪神 | 藤本定義 | スタンカ（投手） |
| 16 | 1965 | 巨人 | 川上哲治 | 4－1 | ○ | ○ | ○ | ● | ○ | | | | 南海 | 鶴岡一人 | 長嶋茂雄（内野手） |
| 17 | 1966 | 巨人 | 川上哲治 | 4－2 | ○ | ● | ○ | ○ | ● | ○ | | | 南海 | 鶴岡一人 | 柴田勲（外野手） |
| 18 | 1967 | 巨人 | 川上哲治 | 4－2 | ○ | ○ | ○ | ● | ● | ○ | | | 阪急 | 西本幸雄 | 森祇晶（捕手） |
| 19 | 1968 | 巨人 | 川上哲治 | 4－2 | ● | ○ | ○ | ○ | ● | ○ | | | 阪急 | 西本幸雄 | 高田繁（外野手） |
| 20 | 1969 | 巨人 | 川上哲治 | 4－2 | ○ | ● | ○ | ○ | ● | ○ | | | 阪急 | 西本幸雄 | 長嶋茂雄（内野手） |
| 21 | 1970 | 巨人 | 川上哲治 | 4－1 | ○ | ○ | ○ | ● | ○ | | | | ロッテ | 濃人渉 | 長嶋茂雄（内野手） |
| 22 | 1971 | 巨人 | 川上哲治 | 4－1 | ○ | ● | ○ | ○ | ○ | | | | 阪急 | 西本幸雄 | 末次利光（外野手） |
| 23 | 1972 | 巨人 | 川上哲治 | 4－1 | ○ | ○ | ● | ○ | ○ | | | | 阪急 | 西本幸雄 | 堀内恒夫（投手） |
| 24 | 1973 | 巨人 | 川上哲治 | 4－1 | ● | ○ | ○ | ○ | ○ | | | | 南海 | 野村克也 | 堀内恒夫（投手） |
| 25 | 1974 | ロッテ | 金田正一 | 4－2 | ● | ○ | ● | ○ | ○ | ○ | | | 中日 | 与那嶺要 | 弘田澄男（外野手） |
| 26 | 1975 | 阪急 | 上田利治 | 4－0・2 | △ | ○ | ○ | △ | ○ | ○ | | | 広島 | 古葉竹識 | 山口高志（投手） |
| 27 | 1976 | 阪急 | 上田利治 | 4－3 | ○ | ○ | ○ | ● | ● | ● | ○ | | 巨人 | 長嶋茂雄 | 福本豊（外野手） |
| 28 | 1977 | 阪急 | 上田利治 | 4－1 | ○ | ○ | ● | ○ | ○ | | | | 巨人 | 長嶋茂雄 | 山田久志（投手） |
| 29 | 1978 | ヤクルト | 広岡達朗 | 4－3 | ● | ○ | ● | ○ | ○ | ● | ○ | | 阪急 | 上田利治 | 大杉勝男（内野手） |
| 30 | 1979 | 広島 | 古葉竹識 | 4－3 | ● | ● | ○ | ○ | ○ | ● | ○ | | 近鉄 | 西本幸雄 | 高橋慶彦（内野手） |
| 31 | 1980 | 広島 | 古葉竹識 | 4－3 | ● | ● | ○ | ○ | ● | ○ | ○ | | 近鉄 | 西本幸雄 | ライトル（外野手） |
| 32 | 1981 | 巨人 | 藤田元司 | 4－2 | ● | ○ | ● | ○ | ○ | ○ | | | 日本ハム | 大沢啓二 | 西本聖（投手） |
| 33 | 1982 | 西武 | 広岡達朗 | 4－2 | ○ | ○ | ● | ● | ○ | ○ | | | 中日 | 近藤貞雄 | 東尾修（投手） |
| 34 | 1983 | 西武 | 広岡達朗 | 4－3 | ○ | ● | ● | ○ | ● | ○ | ○ | | 巨人 | 藤田元司 | 大田卓司（外野手） |

| 回 | 年度 | 勝利チーム | 監督 | 勝敗 | 第1戦 | 第2戦 | 第3戦 | 第4戦 | 第5戦 | 第6戦 | 第7戦 | 第8戦 | 敗戦チーム | 監督 | MVP（守備位置） |
|---|---|---|---|---|---|---|---|---|---|---|---|---|---|---|---|
| 35 | 1984 | 広島 | 古葉竹識 | 4-3 | ○ | ● | ○ | ○ | ● | ● | ○ | | 阪急 | 上田利治 | 長嶋清幸（外野手） |
| 36 | 1985 | 阪神 | 吉田義男 | 4-2 | ○ | ○ | ● | ● | ○ | ○ | | | 西武 | 広岡達朗 | バース（内野手） |
| 37 | 1986 | 西武 | 森祇晶 | 4-3・1 | △ | ● | ● | ● | ○ | ○ | ○ | ○ | 広島 | 阿南準郎 | 工藤公康（投手） |
| 38 | 1987 | 西武 | 森祇晶 | 4-2 | ● | ○ | ○ | ● | ○ | ○ | | | 巨人 | 王貞治 | 工藤公康（投手） |
| 39 | 1988 | 西武 | 森祇晶 | 4-1 | ○ | ● | ○ | ○ | ○ | | | | 中日 | 星野仙一 | 石毛宏典（内野手） |
| 40 | 1989 | 巨人 | 藤田元司 | 4-3 | ● | ● | ● | ○ | ○ | ○ | ○ | | 近鉄 | 仰木彬 | 駒田徳広（内野手） |
| 41 | 1990 | 西武 | 森祇晶 | 4-0 | ○ | ○ | ○ | ○ | | | | | 巨人 | 藤田元司 | デストラーデ（内野手） |
| 42 | 1991 | 西武 | 森祇晶 | 4-3 | ○ | ● | ○ | ● | ● | ○ | ○ | | 広島 | 山本浩二 | 秋山幸二（外野手） |
| 43 | 1992 | 西武 | 森祇晶 | 4-3 | ● | ○ | ○ | ○ | ● | ● | ○ | | ヤクルト | 野村克也 | 石井丈裕（投手） |
| 44 | 1993 | ヤクルト | 野村克也 | 4-3 | ○ | ○ | ● | ○ | ● | ● | ○ | | 西武 | 森祇晶 | 川崎憲次郎（投手） |
| 45 | 1994 | 巨人 | 長嶋茂雄 | 4-2 | ● | ○ | ○ | ● | ○ | ○ | | | 西武 | 森祇晶 | 槙原寛己（投手） |
| 46 | 1995 | ヤクルト | 野村克也 | 4-1 | ○ | ○ | ○ | ● | ○ | | | | オリックス | 仰木彬 | オマリー（内野手） |
| 47 | 1996 | オリックス | 仰木彬 | 4-1 | ○ | ○ | ○ | ● | ○ | | | | 巨人 | 長嶋茂雄 | ニール（内野手） |
| 48 | 1997 | ヤクルト | 野村克也 | 4-1 | ○ | ● | ○ | ○ | ○ | | | | 西武 | 東尾修 | 古田敦也（捕手） |
| 49 | 1998 | 横浜 | 権藤博 | 4-2 | ○ | ○ | ● | ● | ○ | ○ | | | 西武 | 東尾修 | 鈴木尚典（外野手） |
| 50 | 1999 | ダイエー | 王貞治 | 4-1 | ○ | ● | ○ | ○ | ○ | | | | 中日 | 星野仙一 | 秋山幸二（外野手） |
| 51 | 2000 | 巨人 | 長嶋茂雄 | 4-2 | ● | ● | ○ | ○ | ○ | ○ | | | ダイエー | 王貞治 | 松井秀喜（外野手） |

| | | | | | | | | | | | | | | | |
|---|---|---|---|---|---|---|---|---|---|---|---|---|---|---|---|
| 52 | 2001 | ヤクルト | 若松勉 | 4－1 | ○ | ● | ○ | ○ | ○ | | | | 近鉄 | 梨田昌孝 | 古田敦也(捕手) |
| 53 | 2002 | 巨人 | 原辰徳 | 4－0 | ○ | ○ | ○ | ○ | | | | | 西武 | 伊原春樹 | 二岡智宏(内野手) |
| 54 | 2003 | ダイエー | 王貞治 | 4－3 | ○ | ○ | ● | ● | ● | ○ | ○ | | 阪神 | 星野仙一 | 杉内俊哉(投手) |
| 55 | 2004 | 西武 | 伊東勤 | 4－3 | ○ | ● | ○ | ● | ● | ○ | ○ | | 中日 | 落合博満 | 石井貴(投手) |
| 56 | 2005 | ロッテ | バレンタイン | 4－0 | ○ | ○ | ○ | ○ | | | | | 阪神 | 岡田彰布 | 今江年晶(内野手) |
| 57 | 2006 | 日本ハム | ヒルマン | 4－1 | ● | ○ | ○ | ○ | ○ | | | | 中日 | 落合博満 | 稲葉篤紀(外野手) |
| 58 | 2007 | 中日 | 落合博満 | 4－1 | ● | ○ | ○ | ○ | ○ | | | | 日本ハム | ヒルマン | 中村紀洋(内野手) |
| 59 | 2008 | 西武 | 渡辺久信 | 4－3 | ○ | ● | ● | ○ | ● | ○ | ○ | | 巨人 | 原辰徳 | 岸孝之(投手) |
| 60 | 2009 | 巨人 | 原辰徳 | 4－2 | ○ | ● | ○ | ● | ○ | ○ | | | 日本ハム | 梨田昌孝 | 阿部慎之助(捕手) |
| 61 | 2010 | ロッテ | 西村徳文 | 4－2・1 | ○ | ● | ○ | ● | ○ | △ | ○ | | 中日 | 落合博満 | 今江年晶(内野手) |
| 62 | 2011 | ソフトバンク | 秋山幸二 | 4－3 | ● | ● | ○ | ○ | ○ | ● | ○ | | 中日 | 落合博満 | 小久保裕紀(内野手) |
| 63 | 2012 | 巨人 | 原辰徳 | 4－2 | ○ | ○ | ● | ● | ○ | ○ | | | 日本ハム | 栗山英樹 | 内海哲也(投手) |
| 64 | 2013 | 楽天 | 星野仙一 | 4－3 | ● | ○ | ○ | ● | ○ | ● | ○ | | 巨人 | 原辰徳 | 美馬学(投手) |
| 65 | 2014 | ソフトバンク | 秋山幸二 | 4－1 | ● | ○ | ○ | ○ | ○ | | | | 阪神 | 和田豊 | 内川聖一(外野手) |
| 66 | 2015 | ソフトバンク | 工藤公康 | 4－1 | ○ | ○ | ● | ○ | ○ | | | | ヤクルト | 真中満 | 李大浩(内野手) |
| 67 | 2016 | 日本ハム | 栗山英樹 | 4－2 | ● | ● | ○ | ○ | ○ | ○ | | | 広島 | 緒方孝市 | レアード(内野手) |
| 68 | 2017 | ソフトバンク | 工藤公康 | 4－2 | ○ | ○ | ○ | ● | ● | ○ | | | DeNA | ラミレス | サファテ(投手) |

## 資料5　日本シリーズ出場の全監督

※順位は日本一の回数順。同位の場合、出場回数の多い順。出場回数が同じ場合、記録が古い順

| 順位 | 監督 | 日本一 | 出場回数 |
|---|---|---|---|
| 1 | 川上哲治 | 11 | 11 |
| 2 | 森祇晶 | 6 | 8 |
| 3 | 水原茂 | 5 | 9 |
| 4 | 三原脩 | 4 | 5 |
| 5 | 上田利治 | 3 | 5 |
| | 野村克也 | 3 | 5 |
| | 原辰徳 | 3 | 5 |
| | 古葉竹識 | 3 | 4 |
| | 広岡達朗 | 3 | 4 |
| 10 | 鶴岡一人 | 2 | 9 |
| | 長嶋茂雄 | 2 | 5 |
| | 藤田元司 | 2 | 4 |
| | 王貞治 | 2 | 4 |
| | 秋山幸二 | 2 | 2 |
| | 工藤公康 | 2 | 2 |
| 16 | 落合博満 | 1 | 5 |
| | 星野仙一 | 1 | 4 |
| | 仰木彬 | 1 | 3 |
| | ヒルマン | 1 | 2 |
| | 栗山英樹 | 1 | 2 |
| | 湯浅禎夫 | 1 | 1 |
| | 天知俊一 | 1 | 1 |
| | 金田正一 | 1 | 1 |
| | 吉田義男 | 1 | 1 |
| | 権藤博 | 1 | 1 |
| | 若松勉 | 1 | 1 |
| | 伊東勤 | 1 | 1 |
| | バレンタイン | 1 | 1 |
| | 渡辺久信 | 1 | 1 |
| | 西村徳文 | 1 | 1 |
| 31 | 西本幸雄 | 0 | 8 |
| | 藤本定義 | 0 | 2 |
| | 東尾修 | 0 | 2 |
| | 梨田昌孝 | 0 | 2 |
| | 小西得郎 | 0 | 1 |
| | 中西太 | 0 | 1 |
| | 濃人渉 | 0 | 1 |
| | 与那嶺要 | 0 | 1 |
| | 大沢啓二 | 0 | 1 |
| | 近藤貞雄 | 0 | 1 |
| | 阿南準郎 | 0 | 1 |
| | 山本浩二 | 0 | 1 |
| | 伊原春樹 | 0 | 1 |
| | 岡田彰布 | 0 | 1 |
| | 和田豊 | 0 | 1 |
| | 真中満 | 0 | 1 |
| | 緒方孝市 | 0 | 1 |
| | ラミレス | 0 | 1 |

## 資料6　WBC・日本チームの全結果

※予選ラウンドは第3回から実施されたが、日本は第3回・第4回とも免除

| 回 | 年度 | 監督 | 日本の戦績 1次ラウンド | 日本の戦績 2次ラウンド | 日本の戦績 準決勝 | 日本の戦績 決勝 | 優勝 | 準優勝 | ベスト4 | MVP（守備位置） |
|---|---|---|---|---|---|---|---|---|---|---|
| 1 | 2006 | 王貞治 | 中国 ○<br>台湾 ○<br>韓国 ● | アメリカ ●<br>メキシコ ○<br>韓国 ● | 韓国 ○ | キューバ ○ | 日本 | キューバ | 韓国<br>ドミニカ | 松坂大輔（投手） |
| 2 | 2009 | 原辰徳 | 中国 ○<br>韓国 ○<br>韓国 ● | キューバ ○<br>韓国 ●<br>キューバ ○<br>韓国 ○ | アメリカ ○ | 韓国 ○ | 日本 | 韓国 | アメリカ<br>ベネズエラ | 松坂大輔（投手） |
| 3 | 2013 | 山本浩二 | ブラジル ○<br>中国 ○<br>キューバ ● | 台湾 ○<br>オランダ ○<br>オランダ ○ | プエルトリコ ● | | ドミニカ | プエルトリコ | 日本<br>オランダ | カノ（内野手） |
| 4 | 2017 | 小久保裕紀 | キューバ ○<br>オーストラリア ○<br>中国 ○ | オランダ ○<br>キューバ ○<br>イスラエル ○ | アメリカ ● | | アメリカ | プエルトリコ | 日本<br>オランダ | ストローマン（投手） |

# 資料7 オリンピック・日本チームの全結果

※前年に行なわれる、出場権をかけた地区予選は除外

| 大会 | 年度 | 監督 | 日本の戦績 予選リーグ | 日本の戦績 準決勝 | 日本の戦績 決勝 | 日本の戦績 3位決定戦 | 金 | 銀 | 銅 |
|---|---|---|---|---|---|---|---|---|---|
| ロサンゼルス | 1984 | 松永怜一 | 韓国 ○<br>ニカラグア ○<br>カナダ ● | 台湾 ○ | アメリカ ○ | | 日本 | アメリカ | 台湾 |
| ソウル | 1988 | 鈴木義信 | プエルトリコ ○<br>台湾 ○<br>オランダ ○ | 韓国 ○ | アメリカ ● | | アメリカ | 日本 | プエルトリコ |
| バルセロナ | 1992 | 山中正竹 | プエルトリコ ○<br>スペイン ○<br>キューバ ●<br>ドミニカ ○<br>イタリア ○<br>台湾 ●<br>アメリカ ○ | 台湾 ● | | アメリカ ○ | キューバ | 台湾 | 日本 |

| | | | |
|---|---|---|---|
| 北京 | アテネ | シドニー | アトランタ |
| 2008 | 2004 | 2000 | 1996 |
| 星野仙一 | 中畑清 | 大田垣耕造 | 川島勝司 |
| キューバ ●<br>台湾 ○<br>オランダ ○<br>韓国 ●<br>カナダ ○<br>中国 ○<br>アメリカ ● | イタリア ○<br>オランダ ○<br>キューバ ○<br>オーストラリア ●<br>カナダ ○<br>台湾 ○<br>ギリシャ ○ | アメリカ ●<br>オランダ ○<br>オーストラリア ○<br>イタリア ○<br>南アフリカ ○<br>韓国 ●<br>キューバ ● | オランダ ○<br>キューバ ●<br>オーストラリア ●<br>アメリカ ●<br>ニカラグア ○<br>韓国 ○<br>イタリア ○ |
| 韓国 ● | オーストラリア ● | キューバ ● | アメリカ ○ |
| | | | キューバ ● |
| アメリカ ● | カナダ ○ | 韓国 ● | |
| 韓国 | キューバ | アメリカ | キューバ |
| キューバ | オーストラリア | キューバ | 日本 |
| アメリカ | 日本 | 韓国 | アメリカ |

(日本は4位)　　　　　　　　(日本は4位)

取材協力　株式会社ＫＤＮスポーツジャパン
編集協力　米谷紳之介
図表ＤＴＰ　篠　宏行

切りとり線

★読者のみなさまにお願い

この本をお読みになって、どんな感想をお持ちでしょうか。祥伝社のホームページから書評をお送りいただけたら、ありがたく存じます。今後の企画の参考にさせていただきます。また、次ページの原稿用紙を切り取り、左記まで郵送していただいても結構です。

お寄せいただいた書評は、ご了解のうえ新聞・雑誌などを通じて紹介させていただくこともあります。採用の場合は、特製図書カードを差しあげます。

なお、ご記入いただいたお名前、ご住所、ご連絡先等は、書評紹介の事前了解、謝礼のお届け以外の目的で利用することはありません。また、それらの情報を6カ月を越えて保管することもありません。

〒101-8701（お手紙は郵便番号だけで届きます）
祥伝社新書編集部
電話03（3265）2310
祥伝社ホームページ　http://www.shodensha.co.jp/bookreview/

★本書の購買動機（新聞名か雑誌名、あるいは○をつけてください）

| | | | | | |
|---|---|---|---|---|---|
| ＿＿＿＿新聞の広告を見て | ＿＿＿＿誌の広告を見て | ＿＿＿＿新聞の書評を見て | ＿＿＿＿誌の書評を見て | 書店で見かけて | 知人のすすめで |

★100字書評……短期決戦の勝ち方

名前

住所

年齢

職業

野村克也　のむら・かつや

野球評論家。元プロ野球選手(捕手・右投右打)、元プロ野球監督。1935年京都府生まれ。1954年京都府立峰山高校卒業、南海ホークスにテスト生として入団。1970〜1977年選手兼任監督に就任。1978年ロッテオリオンズ、1979年西武ライオンズを経て、1980年に引退。1990〜1998年ヤクルトスワローズ監督、1999〜2001年阪神タイガース監督、2006〜2009年東北楽天ゴールデンイーグルス監督を歴任。選手通算2901安打、657本塁打(歴代2位)、1988打点、打率.277、盗塁117。MVP5回、三冠王1回、本塁打王9回、打点王7回、首位打者1回、ベストナイン19回、ダイヤモンドグラブ賞1回。監督通算1565勝1563敗、勝率.500。リーグ優勝5回(日本一3回)。

**短期決戦《たんきけつせん》の勝《か》ち方《かた》**

**野村克也《のむらかつや》**

2018年10月10日　初版第1刷発行

発行者……………辻 浩明
発行所……………祥伝社しょうでんしゃ
〒101-8701　東京都千代田区神田神保町3-3
電話　03(3265)2081(販売部)
電話　03(3265)2310(編集部)
電話　03(3265)3622(業務部)
ホームページ　http://www.shodensha.co.jp/

装丁者……………盛川和洋
印刷所……………萩原印刷
製本所……………ナショナル製本


Printed in Japan　ISBN978-4-396-11548-7　C0275

〈祥伝社新書〉

## スポーツ・ノンフィクションの傑作

106

### メジャーの投球術

「PAP（投手酷使度）」など、メジャーリーグはここまで進んでいる！

スポーツライター 丹《に》羽《わ》政《まさ》善《よし》

107

### プロフェッショナル

プロの打撃、守備、走塁とは。具体的な技術論をエピソード豊富に展開

元・プロ野球選手、野球解説者 仁《に》志《し》敏《とし》久《ひさ》

234

### 9回裏無死1塁でバントはするな

ヒットエンドランは得点確率を高めるか、など統計学的分析で明らかにする

東海大学理学部准教授 鳥《とり》越《ごえ》規《のり》央《お》

412

### 逆転のメソッド

箱根駅伝も
ビジネスも一緒です

箱根駅伝連覇！　ビジネスでの営業手法を応用したその指導法を紹介

青山学院大学陸上競技部監督 原 晋《すすむ》

491

### 勝ち続ける理由

一度勝つだけでなく、勝ち続ける強い組織を作るには

原 晋